プリント形式のリアル過去問で本番の臨場感！

鹿児島県
市立

鹿児島玉龍中学校

2025年春受験用

解答集

本書は，実物をなるべくそのままに，プリント形式で年度ごとに収録しています。
問題用紙を教科別に分けて使うことができるので，本番さながらの演習ができます。

■ 収録内容

・解答集(この冊子です)

書籍ＩＤ番号，この問題集の使い方，最新年度実物データ，リアル過去問の活用，
解答例と解説，ご使用にあたってのお願い・ご注意，お問い合わせ

・2024(令和６)年度 ～ 2020(令和２)年度　学力検査問題

JN132132

○は収録あり	年度	'24	'23	'22	'21	'20	
■ 問題(適性検査)		○	○	○	○	○	
■ 解答用紙		○	○	○	○	○	
■ 配点							

全分野に解説
があります

注)問題文等非掲載:2022年度適性検査Ⅰの問三，2020年度適性検査Ⅱの問5

資料の非掲載につきまして

著作権上の都合により，本書に収録している過去入試問題の資料の一部を掲載しておりません。ご不便をおかけし，誠に申し訳ございません。

教英出版

■ 書籍ＩＤ番号

入試に役立つダウンロード付録や学校情報などを随時更新して掲載しています。
教英出版ウェブサイトの「ご購入者様のページ」画面で，書籍ＩＤ番号を入力してご利用ください。

書籍ＩＤ番号　102246

（有効期限：2025年9月30日まで）

【入試に役立つダウンロード付録】
「要点のまとめ(国語／算数)」
「課題作文演習」ほか

■ この問題集の使い方

年度ごとにプリント形式で収録しています。針を外して教科ごとに分けて使用します。①片側，②中央のどちらかでとじてありますので，下図を参考に，問題用紙と解答用紙に分けて準備をしましょう（解答用紙がない場合もあります)。

針を外すときは，けがをしないように十分注意してください。また，針を外すと紛失しやすくなりますので気をつけましょう。

① 片側でとじてあるもの

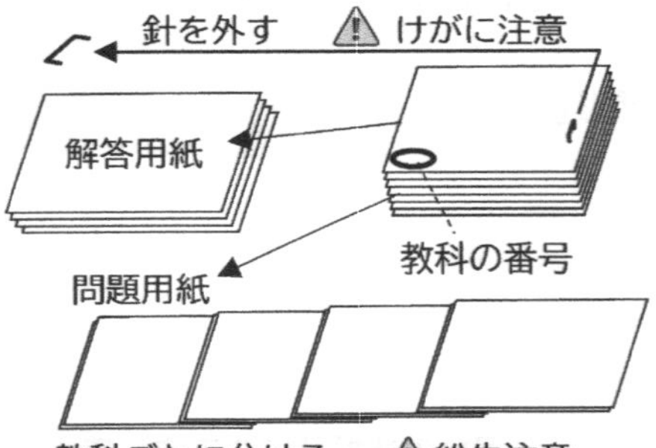

② 中央でとじてあるもの

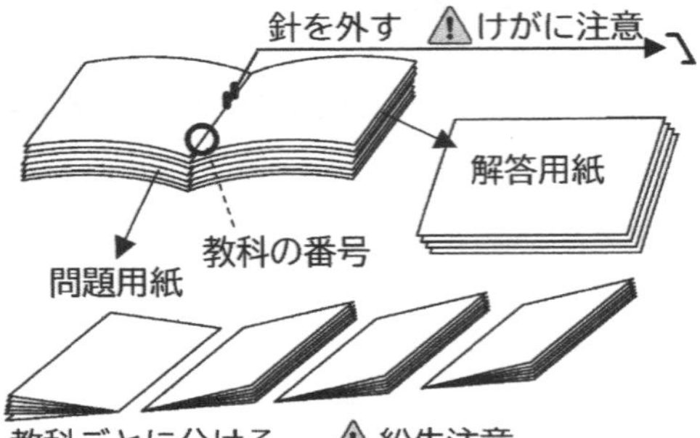

※教科数が上図と異なる場合があります。
解答用紙がない場合や，問題と一体になっている場合があります。
教科の番号は，教科ごとに分けるときの参考にしてください。

■ 最新年度 実物データ

実物をなるべくそのままに編集していますが，収録の都合上，実際の試験問題とは異なる場合があります。実物のサイズ，様式は右表で確認してください。

問題用紙	Ａ４冊子(二つ折り)
解答用紙	Ａ３片面プリント

リアル過去問の活用

～リアル過去問なら入試本番で力を発揮することができる～

本番を体験しよう！

問題用紙の形式（縦向き／横向き），問題の配置や余白など，実物に近い紙面構成なので本番の臨場感が味わえます。まずはパラパラとめくって眺めてみてください。「これが志望校の入試問題なんだ！」と思えば入試に向けて気持ちが高まることでしょう。

入試を知ろう！

同じ教科の過去数年分の問題紙面を並べて，見比べてみましょう。

①　問題の量

毎年同じ大問数か，年によって違うのか，また全体の問題量はどのくらいか知っておきましょう。どのくらいのスピードで解けば時間内に終わるのか，大問ひとつにかけられる時間を計算してみましょう。

②　出題分野

よく出題されている分野とそうでない分野を見つけましょう。同じような問題が過去にも出題されていることに気がつくはずです。

③　出題順序

得意な分野が毎年同じ大問番号で出題されていると分かれば，本番で取りこぼさないように先回りして解答することができるでしょう。

④　解答方法

記述式か選択式か（マークシートか），見ておきましょう。記述式なら，単位まで書く必要があるかどうか，文字数はどのくらいかなど，細かいところまでチェックしておきましょう。計算過程を書く必要があるかどうかも重要です。

⑤　問題の難易度

必ず正解したい基本問題，条件や指示の読み間違いといったケアレスミスに気をつけたい問題，後回しにしたほうがいい問題などをチェックしておきましょう。

問題を解こう！

志望校の入試傾向をつかんだら，問題を何度も解いていきましょう。ほかにも問題文の独特な言いまわしや，その学校独自の答え方を発見できることもあるでしょう。オリンピックや環境問題など，話題になった出来事を毎年出題する学校だと分かれば，日頃のニュースの見かたも変わってきます。

こうして志望校の入試傾向を知り対策を立てることこそが，過去問を解く最大の理由なのです。

実力を知ろう！

過去問を解くにあたって，得点はそれほど重要ではありません。大切なのは，志望校の過去問演習を通して，苦手な教科，苦手な分野を知ることです。苦手な教科，分野が分かったら，教科書や参考書に戻って重点的に学習する時間をつくりましょう。今の自分の実力を知れば，入試本番までの勉強の道すじが見えてきます。

試験に慣れよう！

入試では時間配分も重要です。本番で時間が足りなくなってあわてないように，リアル過去問で実戦演習をして，時間配分や出題パターンに慣れておきましょう。教科ごとに気持ちを切り替える練習もしておきましょう。

心を整えよう！

入試は誰でも緊張するものです。入試前日になったら，演習をやり尽くしたリアル過去問の表紙を眺めてみましょう。問題の内容を見る必要はもうありません。どんな形式だったかな？受験番号や氏名はどこに書くのかな？…ほんの少し見ておくだけでも，志望校の入試に向けて心の準備が整うことでしょう。

そして入試本番では，見慣れた問題紙面が緊張した心を落ち着かせてくれるはずです。

※まれに入試形式を変更する学校もありますが，条件はほかの受験生も同じです。心を整えてあせらずに問題に取りかかりましょう。

《解答例》

問一 ア，エ

問二 ア．言葉をこえた感覚　イ．やわらかさ　ウ・エ．こちこち／ことこと／ごつごつ　などから２つ

問三 たとえば、英語で書かれた作品を日本語にほんやくする際に、まずはＡＩにほんやくさせる。それをもとに人間が加筆したり修正したりしてほんやく作品を作る。このように、ＡＩと人間がお互いの強みを生かして一つのものを作り出すという活用方法が考えられる。

問四 〈作文のポイント〉

・最初に自分の主張、立場を明確に決め、その内容に沿って書いていく。

・わかりやすい表現を心がける。自信のない表現や漢字は使わない。

さらにくわしい作文の書き方・作文例はこちら！→https://kyoei-syuppan.net/mobile/files/sakupo.html

《解説》

問一

イ．「人の知能の働きよりもたいへんすぐれている」の部分が誤り。　ウ．全体的に誤り。特に「ＡＩを使うべきである」の部分は，まったく書かれていない内容。　オ．データの入力に「人々は多くの時間を費やしてきた」の部分が誤り。

問二

ア　空らんの前後の言葉をもとに当てはまる言葉を考える。「一つ一つの文字に対する音の印象について」「もっている」という言葉に着目すると，7段落に，「一つ一つの文字に対する音の印象について，言葉をこえた感覚をもっています」とある。　**イ**　「ふ」は，「ふわふわ」「ふにゃふにゃ」という言葉に使われている。このことについて，7段落に，「『ふ』が『ふわふわ』や『ふにゃふにゃ』などのやわらかさを表現するときによく使われる音であることを～理解しています」とある。

問三

人間とＡＩが共存する方法としては，仕事で分業をしたり協力することや，日常生活でＡＩにアドバイスをもらったり助けてもらったりすることが考えられる。玉美さんが挙げた具体例以外にも，建設業や医療，食品製造などの分野でＡＩの導入が進んでいる。

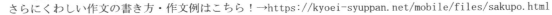

《解答例》

問１　減少して

問２　新型コロナウイルス感染拡大

問３　エ→ウ→イ→ア→オ

問４　［○か×／使用した資料の数字］　ア．［×／３］　イ．［×／４］　ウ．［○／２］　エ．［×／３］　オ．［○／４］

問５　右図

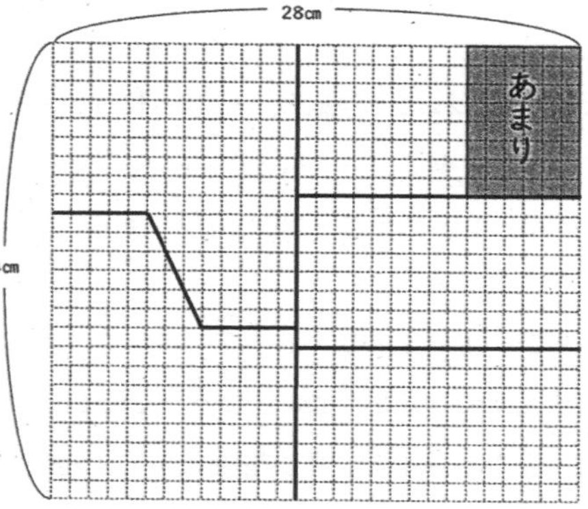

問６　28の約数は１，２，４，７，14，28で，28以外の約数を足すと１＋２＋４＋７＋14＝28になるから，28は完全数である。

問７　ア．８　　イ．７　　ウ．２

※問８　31

問９　①B　②C（①と②は順不同）
③E　④F（③と④は順不同）

問10　おもりのつるし方を変える前…イ
理由…ふりこの長さが長かったから。

※の考え方は解説を参照してください。

《解説》

問１

2019年と2020年を比べた場合，鹿児島県は477万人，熊本県は1584万人，宮崎県は568万人，佐賀県は1278万人減少している。

問２

2020年の３月以降，新型コロナウイルス感染症の感染拡大によって，緊急事態宣言が出され，不要不急の外出が制限されたため，観光客数が減少した。

問３

エ(1970年)→ウ(1980年)→イ(1995年)→ア(2000年)→オ(2020年)

問４

ア．誤り。資料３を見ると，鹿児島県の高齢者世帯における単身世帯の割合は19.9％であり，高知県の19.6％より高く，全国で１番高いことがわかる。イ．誤り。資料４を見ると，鹿児島県の2045年における90歳以上の人口は，女性より男性の方が少ないと予想されている。ウ．正しい。資料２を見ると，鹿児島県の人口を表す棒グラフは緩やかに減少しているが，世帯数を表す折れ線グラフは右上がりに増加している。エ．誤り。資料３を見ると，四国地方の県で，高齢者世帯における単身世帯の割合が全国平均(13.1％)より高い県は，徳島県，愛媛県，高知県の３県ある。オ．正しい。資料４を見ると，1975年と2045年の人口ピラミッドの20歳未満は，どの年代も男女ともに1975年の人口の方が多いから，2045年の方が20歳未満の人口が少ないといえる。

問５

必要な形は，右のＡが１つ，Ｂが２つ，Ｃが２つである。板の「あまり」以外の部分はすべて使うので，Ｃ２つは組み合わせて，縦９＋15＝24(㎝)，横８㎝の長方形にして考える。

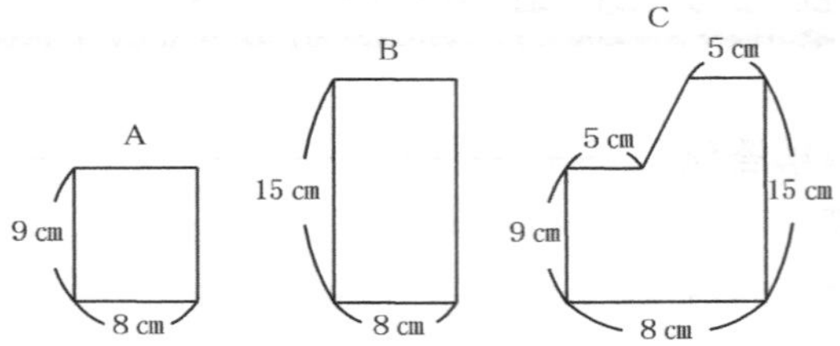

問６

約数を探すときは２つ１組で見つけると，探しやすい。例えば28の約数は，１と28÷１＝28，２と28÷２＝14，４と28÷４＝７の６つある。

問７

点線で囲まれた上の数と下の数の和はいずれも８になり，点線で囲まれた部分が全部で７つある。８×７と計算すると，１＋２＋３＋４＋５＋６＋７を２つ分足し合わせたことになるので，最後に２で割ればよい。

よって，８×７÷２＝28と計算できる。

問８

１＋２＋３＋４＋５＋６＋７＝８×７÷２＝28と計算したのと同様に式を立てると，

(１＋□)×□÷２＝496となる。したがって，(１＋□)×□＝496×２　　(１＋□)×□＝992

(１＋□)と□は連続する整数だから，連続する整数の積が992になる。この連続する整数を探す。

計算しやすいところから計算していくと，10×11＝110，20×21＝420，30×31＝930となり，30×31の近くにあるとわかる。31×32＝992だから，(１＋31)×31＝992である。よって，求める数は31である。

問９

①②．ふりこの重さだけが異なり，それ以外の条件(糸の長さやふりこのふれはば)が同じふりこの結果を比べればよい。ＢとＣは，糸の長さ(25 ㎝)とふりこのふれはば(20 度)が同じで，ふりこの重さ(20ｇと 30ｇ)だけが異なるが，10往復するのにかかった時間はほぼ同じなので，ふりこが往復するのにかかる時間とふりこの重さには関係がないことが分かる。　③④．①②と同じように，ふりこのふれはばだけが異なり，それ以外の条件が同じふりこ(ＥとＦ)の結果を比べると，ふりこが往復するのにかかる時間とふりこのふれはばには関係がないことが分かる。

問10

ふりこの支点からおもりの中心までの長さ(ふりこの長さ)が長いほど，ふりこが往復するのにかかる時間は長くなるから，おもりのつるし方を変える前に10往復するのにかかった時間が長かったのは，ふりこの長さが長かったためだと考えられる。アとイでは，イの方がふりこの長さがおもり１個分長くなる。

《解答例》

問一　イ，エ

問二　ベビーカーを抱えた女性が困っているのに、優しいはずの日本人が助けなかったから。

問三　①やさしい心　　②他人のつらさを自分のつらさのように感じる

問四　（例文）

　あなたが三回目に席をゆずれなかった理由は、満員電車の中でいつも自分だけが席をゆずることを不公平だと感じたからではないでしょうか。特定の人だけが勇気を出して何度も席をゆずるのはたしかに不公平だと思います。でも、あの時席をゆずる勇気が出なかった他の人が、あなたの行動を見て勇気をもらい、席をゆずれるようになるかもしれません。どうか、これからもやさしい心を失わずにいてください。

《解説》

一　本の一部に「世間《せけん》というのは、あなたと、現在、または将来《しょうらい》、関係のある人達のことです」とある。イの「親戚《しんせき》のおじさん」や、エの「近所の方」は、現在関わっている人なので、イとエが正解。

二　これより前に、このブラジル人は「日本人は本当に優しい人達だと思う」と言っていた。しかし、駅の階段でベビーカーを抱《かか》えた女性を助けようとする人がいないのを見て、このブラジル人は、「日本人は優しい人達じゃなかったのか」と、戸惑《とまど》ったのである。

三　①　詩の中で、作者は「娘《むすめ》」を「やさしい心の持主」だと表現している。　②　詩の中で、作者は、「やさしい心の持主は他人のつらさを自分のつらさのように感じるから」と表現している。龍太さんが市電で席をゆずろうとしていたことをふまえて、玉美は龍太さんも「他人のつらさを自分のつらさのように感じ」ていると考えたのである。

《解答例》

問1　【資料3】…ア／火山である桜島の土じょうは，水はけのよい火山噴出物が積もってできており，みかん栽培に適した土質である。　【資料4】…イ／屋根をかけることで，火山灰がみかんにつかないようにしている。
【資料5】…ア／年平均気温が 16℃をこえ，冬期の最低気温も－5℃を下回らないので，みかん栽培に適した気候である。

問2　右表

	自助《じじょ》	共助《きょうじょ》	公助《こうじょ》
【資料7】			○
【資料8】	○		
【資料9】		○	
【資料10】			○

問3　(例文)鹿児島市は，火山の恵みによるおいしい野菜や果物，温泉が自まんだよ。温泉に入ってほっと一息，おいしい食べ物にも大満足。

問4　移動してもらう人数…4　学習室Aの座席数…80

問5　62.5

問6　1350

問7　(ア)①　(イ)③　(ウ)②　(エ)2

問8　②

問9　①12　②12　③3

問10　先攻　理由…相手に最後の1まいのカードを取らせればよいのだから，自分が取るとき2，3，4まいのどれかならば勝つことができる。自分が取るとき5まいだと，相手がとるときに2，3，4まいのどれかになるので，負けてしまう。自分が取るとき6，7，8のどれかだと，相手に5まいをわたせるので，勝つことができる。このように考えると，自分が取るとき9まいだと負けてしまい，10，11，12まいのどれかだと勝つことができる。よって，12まいから始められる先攻が必ず勝つ。

《解説》

問1

資料3　桜島のような形状の火山は成層火山といい，火口から噴出した溶岩や火山灰などが積み重なって形成されている。そのため，土の性質は水はけがよく，小石と粘土を適度にふくんだものになっている。　資料4　屋根かけハウスの目的を考える。側面がおおわれていないことから保温目的ではないことが読み取れる。「屋根をかける」＝空から飛来するものをさえぎる，と考えれば，解答例が導ける。　資料5　資料6のみかんの生育条件と雨温図を見比べる。

問2

資料7…公助　ハザードマップは都道府県や市町村などで作成される。　資料8…自助　自分と自分の家族の命を守るために日頃から非常時の持ち出し品を準備し，家族で避難経路や避難場所について話し合う必要がある。
資料9…共助　避難訓練のほか，日頃から近所の人の様子を把《は》握《あく》し，顔の見える関係づくりをすることも共助につながる。　資料10…公助　砂防ダムは，国や都道府県などが建設する。

問3

解答例では，農産物と温泉に着目した。桜島以外の鹿児島市の魅力として，鹿児島中央駅が九州新幹線の終着駅であること，鹿児島市出身の偉人が多いことなど，さまざまな例が考えられる。

問4

学習室Aは64が座席数の80%にあたるので，座席数は，$64\div\dfrac{80}{100}=80$(席)である。この75%は，$80\times\dfrac{75}{100}=$ 60(席)だから，64－60＝４(人)に移動してもらう。

問5

棒をかたむけるはたらき〔おもりの重さ(g)×支点からの距離《きょり》(cm)〕が支点の左側と右側で等しいときにつり合う。また，太さが一様の棒の重さは，棒の真ん中の一点(重心)にかかると考えてよい。ここでは重心が支点と同じ位置にあるので，棒の重さによる棒をかたむけるはたらきは考えなくてよい。支点の左側の皿(重さ100ｇ，支点から50cm)が棒をかたむけるはたらきは100×50＝5000だから，400ｇのおもりは支点から左に5000÷400＝12.5(cm)の位置につるすとつり合う。よって，棒の左端《はし》からの距離は50＋12.5＝62.5(cm)である。

問6

右表参照。まずは，それぞれのかたむけるはたらきを求めると，支点より右側ではその合計が26000＋3200＝29200となる。支点より左側でもかたむけるはたらきの合計が29200となるので，

支点より左側の様子				支点より右側の様子			
	重さ(g)	支点からの長さ(cm)	かたむけるはたらき		重さ(g)	支点からの長さ(cm)	かたむけるはたらき
皿	100	20	2000	おもり	400	65	26000
物体	②	20	27000				
棒《ぼう》	20	10	200	棒《ぼう》	80	40	3200
合計			29200	合計			29200

物体のかたむけるはたらきが29200－2000－200＝27000となる。よって，②には27000÷20＝1350が当てはまる。

問7

２人が出し合うカードの組み合わせは，「龍太さんの黄・玉美さんの黄」，「龍太さんの黄・玉美さんの白」，「龍太さんの白・玉美さんの黄」，「龍太さんの白・玉美さんの白」の４パターンあり，それぞれの組み合わせになる確率はすべて同じである。「龍太さんの黄・玉美さんの白」と「龍太さんの白・玉美さんの黄」はどちらも「黄・白」と考えるから，出てくる回数の比は，「黄・黄」:「黄・白」:「白・白」＝１：(１＋１)：１＝１：２：１となる。

問8

問７解説と「黄・白」の胚乳《はいにゅう》が黄色になることから，「黄・白」の遺伝子をもつ花粉を「黄・白」の遺伝子をめしべに受粉させてできる胚乳の色の数の比は，黄色：白色＝(１＋２)：１＝３：１になる。よって，粒《つぶ》が180個できた場合，黄色い粒は$180\times\dfrac{3}{3+1}=135$(個)，白い粒は180－135＝45(個)になる。

問9

①右図のア，イ，ウの向きのひし形がそれぞれ４個ずつあるから，全部で，４×３＝12(個)ある。

②正三角形を４枚《まい》使ってできる平行四辺形は右図のカ～サと合同な平行四辺形だけである。カ～サの向きの平行四辺形がそれぞれ２個あるから，全部で，２×６＝12(個)ある。

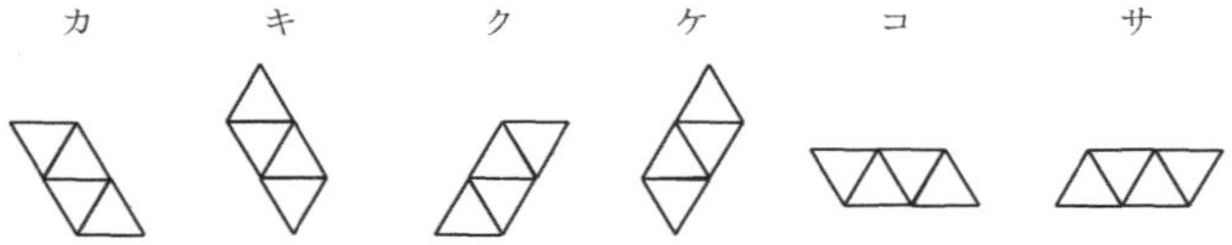

③正三角形を８枚使ってできるひし形は右図のタ～ツと合同なひし形だけである。タ～ツの向きのひし形がそれぞれ１個あるから，全部で３個ある。

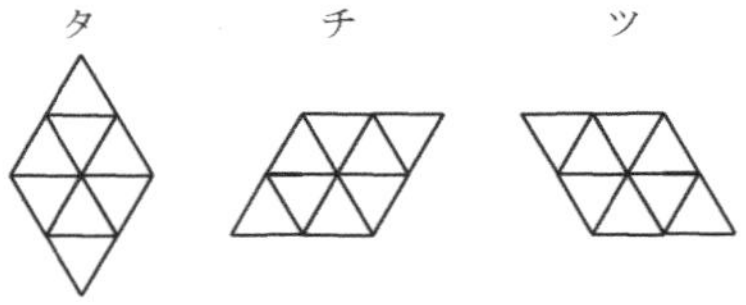

問10

このゲームの必勝法は，解答例のように，常に相手に「(４の倍数)＋１」枚のカードをわたすことである。取ることができるカードの枚数が変わっても必勝法がある。自分の手番に１枚からｎ枚のいずれかの枚数を取ることができる場合，常に相手に「{(ｎ＋１)の倍数}＋１」枚のカードをわたすのが必勝法である。

《解答例》

問一　ア．聞こえない　　イ．気付かなかった不便さ

問二　イ，オ

問三　(例文)⑴地域の清そう活動に参加したこと。　⑵参加前は気乗りしなかったが、みんなで協力して作業をするのは気持ちよく、達成感もあり、また参加したいと思うようになった。

問四　(例文)番号…13

　気候変動は、人間が便利で快適な生活を優先し、地球温暖化防止を後回しにしたことが問題だと思います。一人一人が自分の生活を見直し、できることを考え、実せんすることが課題だと思います。

　私が取り組みたいことは、部屋の電気をこまめに消すことです。一人の力は小さいですが、多くの人が実せんし、くり返すことによって大きな成果を生むことができると思います。

《解説》

問一　**ア**　文章中に「聞こえる世界と聞こえない世界の両方を体験したからこそわかる」とある。「聞こえていたときには普通《ふつう》に使っていた掃除機《そうじき》ですが」とあるので，筆者は，かつては耳が聞こえていたことがわかる。つまり，新たに「聞こえない世界」を体験したのである。　**イ**　文章中に「聞こえる世界と聞こえない世界の両方を体験したからこそわかる」とある。ここで「わかる」ことは，直前の段落に書かれていること，つまり「聞こえていたときには気付かなかった」「不便さ」である。

問二　――線部②の前に「ユニバーサルデザインのコンサルタントとして，私はこれまで～提案やアドバイスを行ってきました。しかし，単に自分の体験から言うだけでは～どうしても狭《せま》い意見になりがちだからです」とある。また，最後の段落に，個人的な体験に加えて，多くの人たちとの交流や意見交換《こうかん》などを行い，そこで得たことをコンサルタントの仕事に生かしていることが書かれている。つまり，筆者は，自分の体験だけをもとに提案やアドバイスを行うと，どうしても狭い意見になりがちだと考え，多くの人びとと交流し，より広い視点から見た客観的な内容の意見を言えるように努めている。よって，これらの内容と一致《いっち》する，イとオが適する。アは「自分自身の実体験だけを生かした」が適さない。ウは「すべてのことを実際に体験したうえで」が適さない。エは「商品開発者の考えを」が適さない。

問三　字数が短いので，要点をしぼって簡潔に書くようにしよう。体験の前と後で変わった考えをはっきりと書くようにしよう。

★鹿児島玉龍中学校　2022 令和４年度　適性検査Ⅱ

《解答例》

問１　平行

問２　ア

問３　［名前／記号］　⑴［屋久島／ウ］　⑵［奄美大島／エ］　⑶［徳之島／カ］

問４　資料２より，2022 年の年賀状を印刷するまい数は，（84＋75＋86＋77＋78）÷５＝80（まい）である。資料３より，Ａ店に印刷をたのむと，代金は 250×50＋220×30＝19100（円）になる。資料４より，Ｂ店に印刷をたのむと，代金は 10000＋3000×３＝19000（円）になる。よって，玉美さんの家族は，Ｂ店に印刷をたのんだ。

問５　右図

問６　g

問７　e

問８　右図

問９　最も多いとき…８　　最も少ないとき…２

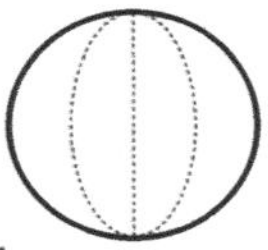

問５の図

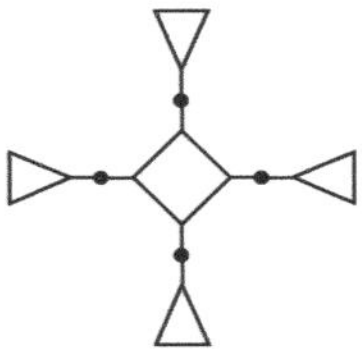

問８（ア）の図

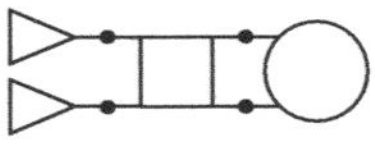

問８（イ）の図

問10　図２について，三角形ＤＥＦは直角二等辺三角形だから，三角形ＭＤＥと三角形ＭＤＦは合同な直角二等辺三角形である。よって，ＤＭ＝ＥＭ＝ＥＦ÷２＝４÷２＝２（㎝）である。図３について，三角形の外角の性質より，角ＣＡＨ＝15°＋15°＝30°である。よって，図のように三角形ＡＣＨと合同な三角形ＡＣ′Ｈをつくると，三角形ＡＣＣ′は正三角形になるから，ＣＨ＝ＣＣ′÷２＝ＣＡ÷２＝４÷２＝２（㎝）である。したがって，ＤＭ＝ＣＨである。

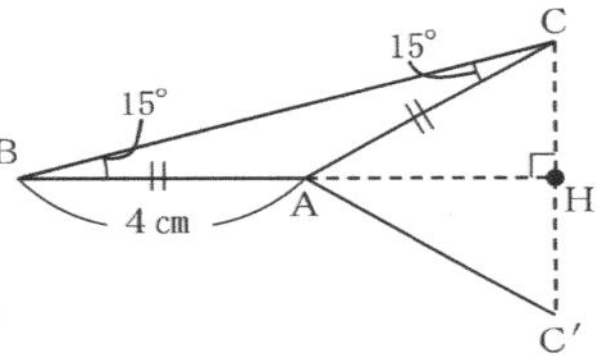

《解説》

問１　御楼門《ごろうもん》の影のように縦横に長い影《かげ》の長さを測るときは，巻《ま》き尺《じゃく》の方向によって，長さが変化してしまうことがあるため，巻き尺の方向を玉美さんの影を測ったものと同じにする必要がある。

問２　「影ができているものの高さ」と，「その影の長さ」の比を求めることで，御楼門の高さを求めたい。
玉美さんと御楼門の影の長さを測ったのだから，「ア　玉美さんの身長」が必要である。

問３　⑴樹齢 1000 年をこえる杉＝屋久杉から，屋久島と判断する。⑵２番目に大きいマングローブ原生林，1300 年の歴史をもつ絹織物＝大島紬から，奄美大島と判断する。正倉院の書物の中に，「南方から赤褐色の着物が献上された」との記述があったことから，1300 年の歴史をもつといわれている。⑶「この島と⑵の島にしかいないめずらしい動物」＝アマミノクロウサギから，徳之島と判断する。

問４　資料２から，2022 年は年賀状を 80 枚印刷することがわかるので，50 枚から 80－50＝30（枚）こえたことがわかる。よって，解答例のようにＡ店，Ｂ店の代金がわかる。

問５　月は自ら光を出しているのではなく，太陽の光を反射させることで光って見える。よって，資料５のすべての位置にある月は，太陽がある右半分が光っている状態である。よって，太陽，地球，月の順に一直線に並んでいるｅは，月の光っている部分だけが見える満月である。なお，資料５の図では，月は地球のまわりを反時計回りに回るから，ｅから約１週間ごとに，ｇ→ａ→ｃ→ｅ→…と移動する。ｇは，㋑の位置から真南に見える左半分が光った半月で，下弦《かげん》の月と呼ばれる。太陽，月，地球の順に一直線に並んでいるａは，月の光っている部分がまったく見えない新月である。ｃは，㋐の位置から真南に見える右半分が光った半月で，上弦の月と呼ばれる。

問６　日の出直後の位置は㋑だから，問５解説より，ここから見える半月はｇである。

問７　地球も月と同様に，自ら光を出していない。よって，資料の図では，地球の右半分が光っている状態である。青い地球(太陽の光が当たっている部分)を見ることができないのは，地球から太陽と同じ方向にあるａの新月を見たときと同じ位置関係になるｅである。このように，月から地球を見たときの形は，同じ日に地球から月を見たときの，光っている部分と光っていない部分を入れかえた形になる。例えば，地球から見て左半分が光って見えるｇから見た地球は右半分が光って見える。

問８　きまり①～③を守ってかこう。図形１の棒《ぼう》が余らないように，図形２，３の棒を結び付けるようにするとよい。

問９　最も多いときは，図Ⅰのように８個となり，最も少ないときは，図Ⅱのように２個となる。

図Ⅰ

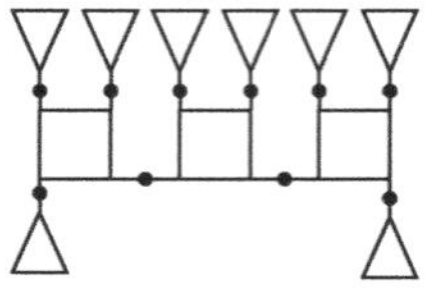

図Ⅱ

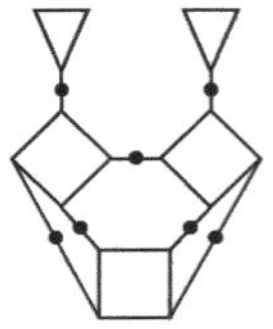

問10　解答例のように，３つの内角が30°，60°，90°の直角三角形は，２つ合わせると正三角形になることは覚えておこう。

《解答例》

問一　ア．椅子やテーブルなどに囲まれ　　イ．障害物を取り除いてあげること

問二　(例文)私はAの掃除機をすすめる。この掃除機を使えば、床に置いたものをかたづけ、部屋をきれいに保つ習慣が身につくと思うからだ。

問三　(1)お互いの強みと弱さ　　(2)お互いの強みと弱さを認め、協力し合える

問四　(例文)

私の強みは、明るい性格であることと、ひらめきがあり、いろいろなアイデアを思いつけることです。

中学校生活では、明るい性格を生かして、たくさん友達を作り、周囲を明るくしていきたいと思います。また、中学校ではさまざまな場面で、自分たちで考え、決めることが多くなると思います。そうした時に、いろいろなアイデアを出して、友達と協力して取り組みたいと思います。

《解説》

問一　**ア**　問一の「コード類を巻き込《こ》んだり、(ア)たりすると動けなくなる」と、本文第2段落の「部屋の隅《すみ》にあるコード類を巻き込んでギブアップしたり、時には椅子《いす》やテーブルなどに囲まれ、その袋小路《ふくろこうじ》から抜《ぬ》けだせなくなりそうになる」が対応しているので、ここからぬき出す。

イ　このような「お掃除《そうじ》ロボットの〈弱さ〉を補うために」、人間が「先回りをして」することを探す。すると、本文の第3段落に、「ロボットの先回りをしては～モノを取り除いていたりする」とあるが、この部分だと(イ)の後に続く文とうまくつながらない。よって、同じようなことが書かれた最後の段落の「ロボットの進行を先回りしながら～障害物を取り除いてあげることは、わたしたちの得意とするところ」からぬき出す。

問二　玉美さんの「龍太さんの部屋は～床《ゆか》に～たくさんのものが転がっているものね」という言葉に着目。Aを選ぶ場合は、本文に即《そく》して、ロボット掃除機のために自分が部屋を片付けるようになるというメリットが考えられる。Bの場合は、床にものがあっても、そのまま掃除機をかけられる、などのメリットが考えられる。

問三　(1)　第5段落に、「どこまで手伝えばいいのか～このロボットは最後まで完遂《かんすい》してくれるのか。そうした試行錯《さく》誤《ご》を重ねるなかで、お互《たが》いの得手《えて》、不得手《ふえて》を特定しあう」とある。つまり、おたがいの「強み(得手)」と「弱さ(不得手)」を知ることが、弱さを補うことにつながるのである。

(2)　最後の段落に、ホコリを丁寧《ていねい》に吸い集めるお掃除ロボットの強みと、障害物を取り除くことができる人間の強みを生かし、一緒《いっしょ》に掃除しながら、「〈強み〉を生かしつつ、同時にお互いの〈弱さ〉を補完しあってもいる」と書かれている。相手の「弱さ」を認め、自分のできることを生かして相手を手伝い、協力し合うことで、お互いの弱さを補い合うことができるようになるのである。

《解答例》

問1　(例文)町ごとに児童センターを建て，若者から高れい者の方までを対象としたボランティアを募り，子どもたちが学びながら遊べる場所を増やしたい

問2　２つ以上の資料の構成比を長方形の面積で比べることができるから。

問3　1570

問4　236

問5　61＋53－74

問6　（２，６，１）

問7　イ

問8　[布団を干して取り込む／学習をする]　[10時40分／14時20分][10時50分／14時20分][11時20分／14時10分][12時10分／14時10分][12時20分／14時10分] のうち1つ

問9　B→A→D→C

問10　①イ　②ウ

《解説》

問1　子育てする上での課題を考えてから，その解決法を考えよう。日本では，核家族世帯の増加や男性の育児休暇取得率の低下によって，育児を一人で行うワンオペ育児に陥りやすい。解答例の「子どもたちが学びながら遊べる場所」を「子育ての相談や，子どもの一時預かりができる場所」としても良い。

問2　【表１】を帯グラフに表すと右のようになる。

問3　2018年の第２次産業の人口は，6664×0.235＝1566.04(万人)である。一の位を四捨五入して，約1570万人となる。

おもな国の産業別人口の割合(%)

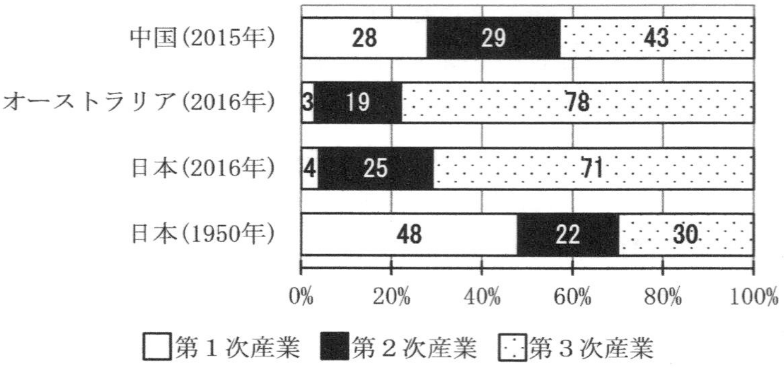

問4　DとEとFを２回ずつたした数は，173＋289＋356＝818だから，DとEとFをたした数は，818÷２＝409
DとEをたした数が173だから，Fにあてはまる数は，409－173＝236

問5　AとBをたした数とAとCをたした数の和から，BとCをたした数をひけば，Aを２回たした数になるから，61＋53－74を計算すると，Aを２回たした数がわかる。

問6　立方体①の底面は軸《じく》Xが２，軸Yが６のところにあって，立方体①の高さは軸Zが１のところにあるから，立方体①は（２，６，１）と表される。

問7　軸X，Y，Zの順に条件に合う立体を見つけていく。
Xの値より，立方体の底面が，軸Xが４のところ(一番奥《おく》)にある立方体が３個，５のところ(真ん中)にある立方

体が２個，６のところ(一番手前)にある立方体が２個ある。そのような立体は，イとオしかない。

Ｙの値より，立方体の底面が，軸Ｙが４のところ(一番左)にある立方体が２個，５のところ(真ん中)にある立方体が４個，６のところ(一番右)にある立方体が１個ある。イとオのうち，この条件に合うのはイである。

同様に，Ｚの値についてもイは条件に合うので，できる立体はイとわかる。

なお，立体イの各立方体を数値化すると，右図のようになる。

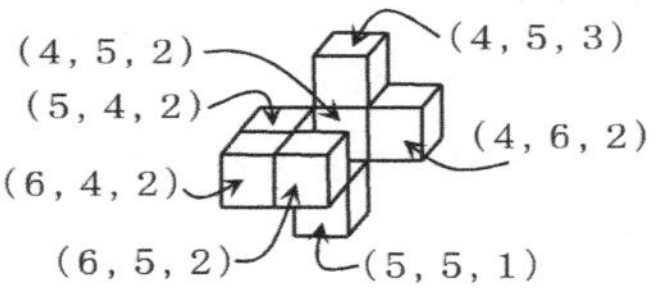

問８　「学習をする」活動は途中でやめないので，その時間(１時間 20 分)を確保できるのは，表６より，14 時 10 分～15 時 40 分(１時間 30 分)だけである。

この時間帯に布団を取り込む 10 分の時間をちょうど入れることができるので，「学習をする」活動の前か後に布団を取り込めばよい。取り込み始める時間から逆算して，布団を干し始める時間を決める。

14 時 10 分に布団を取り込み始める場合，布団を並べ始めるのは 14 時 10 分－４時間 10 分＝10 時以降で，14 時 10 分－３時間 10 分＝11 時以前でなければならない。その時間帯に 10 分の空きがあるのは，10 時 40 分～11 時だけである。したがって，「布団を干して取り込む」家事を 10 時 40 分か 10 時 50 分に始め，「学習をする」活動を 14 時 20 分に始めればよい。

15 時 30 分に布団を取り込み始める場合，布団を並べ始めるのは 15 時 30 分－４時間 10 分＝11 時 20 分以降で，15 時 30 分－３時間 10 分＝12 時 20 分以前でなければならない。その時間帯に 10 分の空きがあるのは，11 時 20 分～11 時 30 分と 12 時 10 分～12 時 30 分である。したがって，「布団を干して取り込む」家事を 11 時 20 分か 12 時 10 分か 12 時 20 分に始め，「学習をする」活動を 14 時 10 分に始めればよい。

問９　Ａ．たくさんのホタルが見られるのは５月の中旬から下旬ごろである。Ｂ．レンゲソウの花が咲くのは４月である。Ｃ．オオカマキリの卵が見られ，成虫や幼虫が見当たらないのは冬であると考えられる。Ｄ．ヘチマの花が咲くのは７月から８月である。

問 10　①　「食べる動物」の数が最も少なく，その後，数が増えており，「食べられる動物」の数は中くらいで，その後，数が増えているのはグラフ１のイである。　②　グラフ２のＤでは，「食べる動物」の数は中くらいで，その後，数が増えており，「食べられる動物」の数は多く，その後，数が減っている。このような変化はグラフ１のウである。なお，ＤはＣに続く変化だから，Ｃがイとわかれば，Ｄはイに続くウだとわかる。

《解答例》

一　ア．中景の富士　　イ．近景の富士　　ウ．そこから何十キロもはなれている

二　海の向こうに見える桜島がふんえんを上げる様子をよんでいるので、玉龍中近くの高台から見た景色をもとに作っている。

三　Ａのカエルは、アの絵では、Ｂのカエルをつき落とそうとしている悪いカエルに見えるが、イの絵では、落ちてくる果実からＢのカエルを守ろうとしている良いカエルに見える。

四　（例文）

　友達の教子さんはぶっきらぼうで、以前は少し苦手だった。しかし、教子さんは、学校を休んでいる友達の家にお見まいに行こうと言い出したり、下校と中に泣いている下級生に真っ先に声をかけたりしていた。態度ではなく行動を見ることで、教子さんはやさしい人なのだということが分かった。

　中学生になったら、この経験を生かして、いろいろな見方をし、友達のよいところを見つけて付き合っていこうと思う。

《解説》

一　**ア**　日本側は「三保《みほ》の松原《まつばら》をふくめた富士山」を登録してほしいと申請《しんせい》し、最終的にユネスコはそれを認めた。そのことを９行目で「中景の富士を認めた」と言っている。

イ・ウ　ユネスコは、当初「三保の松原は何十キロもはなれている。富士山の一部とは認められない」という立場だった。それは「一般に景観を愛《め》でるに当たっては近景が考えられている」からである。よって富士山についても、ユネスコは「近景の富士」を富士山としてとらえていたことになる。

二　「ふき出す」という表現から、「大地の力」が桜島の噴煙《ふんえん》（煙《けむり》）を表していることに気づきたい。青い海をフェリーが進み、「その先」で桜島が噴煙をあげている景色をうたっているから、桜島を少し離《はな》れたところから見ている。

《解答例》

問1　南東

問2　運ばれる土は，火山灰でできたシラスなので，ふつうの土より軽く，水に溶かして運ぶ方が費用が少なく，環境にもよかったから。

問3　右図

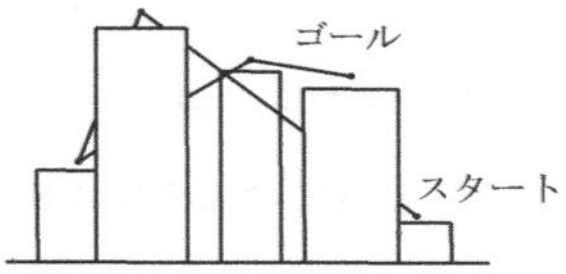

問4　1，2

問5　伴走者がランナーを手助けし，タイムを縮めるのを防ぐため。

問6　11番の人

問7　55試合

問8　ろうとに液体を注ぐときにはガラス棒を伝わらせ，ろうとの足の長い方をビーカーのかべにくっつける。

問9　エ

問10　6.1g

問11　イ

問12　③×3→②×1→①×2→②×1→おわり〔別解〕②×1→③×3→①×2→②×1→おわり

《解説》

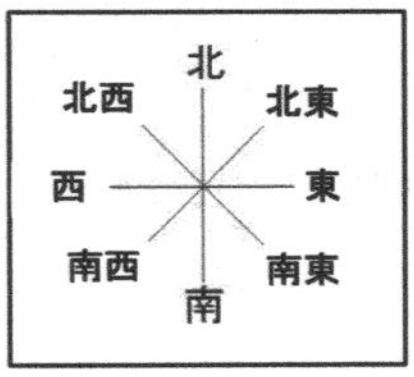

問1　【図2】の右下が「与次郎ヶ浜」の位置である。八方位については右図参照。

問2　シラスは，火山ふん火の際に火山灰や軽石などが堆積してできる。九州地方には，鹿児島県の桜島のほか，熊本県の阿蘇山など，現在もふん火する活火山が多い。

問3　この問題の図は，遠近法(遠くの物は小さく見え，近くの物は大きく見えるように描く方法)を使用しているので，問題の図5と，解答用紙の図ではビルの大きさが異なるように見える。よって，高さで位置を確認するのではなく，A，Bそれぞれの方角から見た位置関係を確認して解く。真上から見た図について，図ⅰのように各ビルに記号をおくと，Aの方角から見えた5つのビルは，図ⅱのように表せる。したがって，ドローンはa→d→c→b→eの順に荷物を運んでいる。Bの方角から見えた5つのビルは，図ⅲのように表せる。また，図ⅲにおいて，一番手前のビルがdとe，次に手前のビルがaとc，一番奥のビルがbである。よって，a→d→c→b→eの順に直線を引き，手前のビルに隠《かく》れて見えない所を消すと，図ⅳのようになる。

図ⅰ

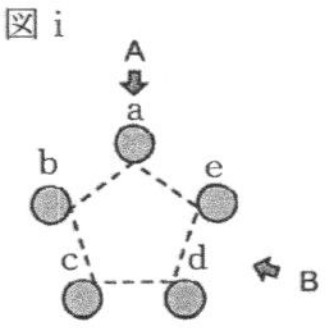

図ⅱ

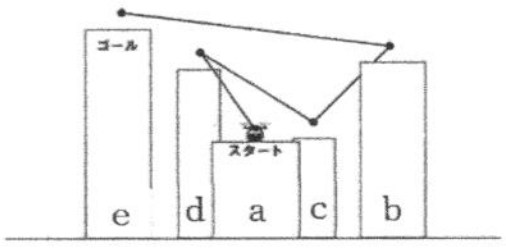

図ⅲ

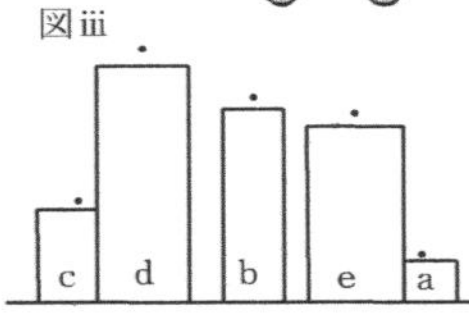

図ⅳ

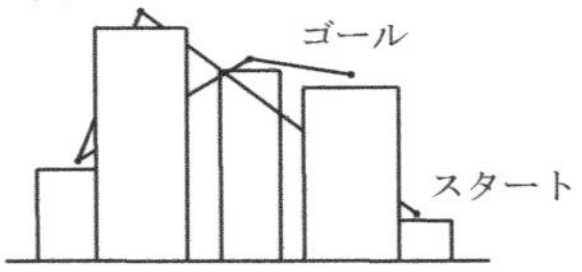

問4　この家族は，6才以上の男性が4人，6才以上の女性が3人いる。6才以上の女性は，一人に$2\times\frac{2}{3}=\frac{4}{3}$(段)の田が与えられる。よって，与えられる田は，家族合わせて$2\times4+\frac{4}{3}\times3=12$(段)，つまり1町2段である。

問６　決勝戦から順にトーナメントの位置を確認する。決勝戦から１回戦まで，たすきの色は，赤→白→赤→白→赤となっている。図７において，対戦するとき，たすきの色が赤の人は左側，白の人は右側に位置する。よって，決勝戦のときのたすきの色は赤なので，右図のⓐの位置にいる。準決勝のときは白なので，右図のⓑの位置にいる。同様にして，３回戦，２回戦，１回戦はそれぞれ，ⓒ，ⓓ，ⓔの位置にいるので，決勝戦まで勝ち進んだ人は11番の人である。

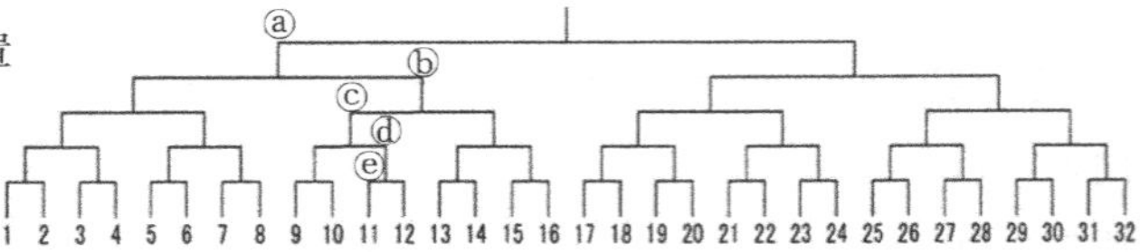

問７　４人グループは全部で32÷４＝８(グループ)できる。１つのグループにいる４人を，Ａさん，Ｂさん，Ｃさん，Ｄさんとすると，総当たり戦の組み合わせは，右図Ⅰのように６通りある。よって，総当たり戦は全部で６×８＝48(試合)になる。また，各グループの１位(８人)のトーナメント戦は，右図Ⅱのように表せるので，全部で７試合になる。したがって，この大会は全部で48＋７＝55(試合)になる。なお，トーナメント表の形が異なっても，８人で行うトーナメント戦の試合数は必ず７試合になる。

図Ⅰ

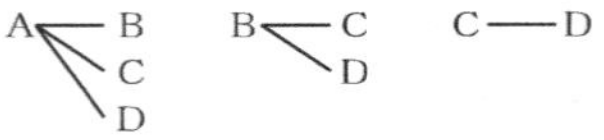

※Ａさん，Ｂさん，Ｃさん，Ｄさんをそれぞれ A，B，C，D と表している。

図Ⅱ

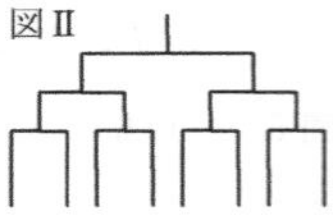

問８　ろ過を行うときには，液体が飛び散らないように注意する。

問９　図の点線部分が折り目になるようにろ紙を四つ折りにし，円すい状のふくろをつくり，ろうとにとりつける。このようにしてろ過を行うと，となり合った２つのおうぎ形部分にミョウバンが残るので，エが正答となる。

問10　表２は，水100ｇにとけるミョウバンの量をまとめたものだから，水50ｇにとけるミョウバンの量は，それぞれの温度で表２の量の半分になる。水の温度を20℃まで下げたときには，ミョウバンは5.8÷２＝2.9(ｇ)までしかとけないので，はじめに加えた９ｇのうち，９－2.9＝6.1(ｇ)がろ紙に残る。

問11　図９の▲の位置から①×１と命令すると，上に１マス進んでいることから，▲は黒い方を前にして進むとわかる。したがって，図10の☆に着いたとき▲は下向きになっているとわかる。このあとに，②×１の命令がされているので，下向きから右に45度回転したイが正しい。

問12　図11の▲の位置から，図９の▲の位置に最短距離《きょり》で行くには，右図の▲の向きで前に２マス進めばよい。右図の▲の向きは，最初の向きから右に360－45＝315(度)回転している。315＝90×３＋45×１より，はじめは③×３→②×１(②×１→③×３でもよい)と命令する。次に，２マス進むので，①×２と命令する。最後に，▲の向きを右図の向きから，図９の向きと同じにするので，②×１と命令する。

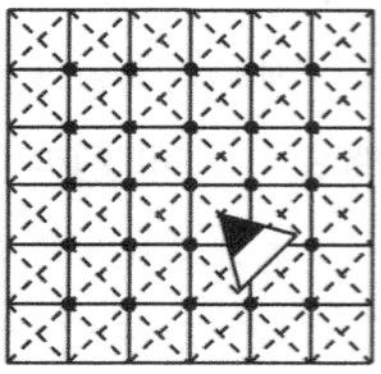

■ ご使用にあたってのお願い・ご注意

（1）問題文等の非掲載

著作権上の都合により，問題文や図表などの一部を掲載できない場合があります。

誠に申し訳ございませんが，ご了承くださいますようお願いいたします。

（2）過去問における時事性

過去問題集は，学習指導要領の改訂や社会状況の変化，新たな発見などにより，現在とは異なる表記や解説になっている場合があります。過去問の特性上，出題当時のままで出版していますので，あらかじめご了承ください。

（3）配点

学校等から配点が公表されている場合は，記載しています。公表されていない場合は，記載していません。

独自の予想配点は，出題者の意図と異なる場合があり，お客様が学習するうえで誤った判断をしてしまう恐れがあるため記載していません。

（4）無断複製等の禁止

購入された個人のお客様が，ご家庭でご自身またはご家族の学習のためにコピーをすることは可能ですが，それ以外の目的でコピー，スキャン，転載（ブログ，ＳＮＳなどでの公開を含みます）などをすることは法律により禁止されています。学校や学習塾などで，児童生徒のためにコピーをして使用することも法律により禁止されています。

ご不明な点や，違法な疑いのある行為を確認された場合は，弊社までご連絡ください。

（5）けがに注意

この問題集は針を外して使用します。針を外すときは，けがをしないように注意してください。また，表紙カバーや問題用紙の端で手指を傷つけないように十分注意してください。

（6）正誤

制作には万全を期しておりますが，万が一誤りなどがございましたら，弊社までご連絡ください。

なお，誤りが判明した場合は，弊社ウェブサイトの「ご購入者様のページ」に掲載しておりますので，そちらもご確認ください。

■ お問い合わせ

解答例，解説，印刷，製本など，問題集発行におけるすべての責任は弊社にあります。

ご不明な点がございましたら，弊社ウェブサイトの「お問い合わせ」フォームよりご連絡ください。迅速に対応いたしますが，営業日の都合で回答に数日を要する場合があります。

ご入力いただいたメールアドレス宛に自動返信メールをお送りしています。自動返信メールが届かない場合は，「よくある質問」の「メールの問い合わせに対し返信がありません。」の項目をご確認ください。

また弊社営業日（平日）は，午前９時から午後５時まで，電話でのお問い合わせも受け付けています。

2025 春

株式会社教英出版
〒422-8054　静岡県静岡市駿河区南安倍３丁目 12-28
TEL　054-288-2131　　FAX　054-288-2133
URL　https://kyoei-syuppan.net/
MAIL siteform@kyoei-syuppan.net

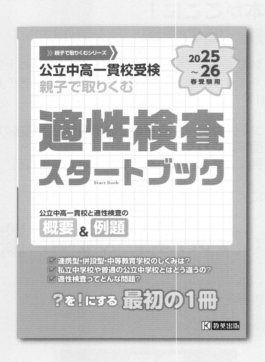

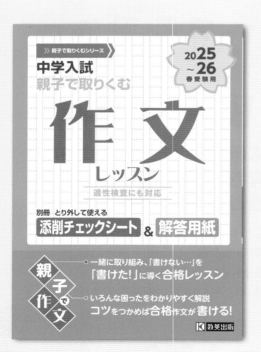

教英出版　2025年春受験用　中学入試問題集

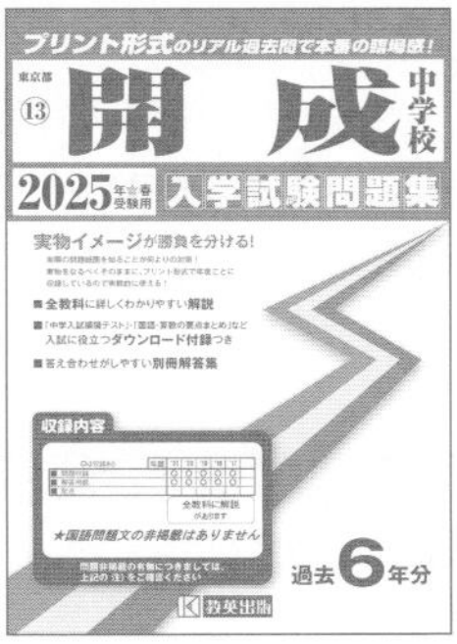

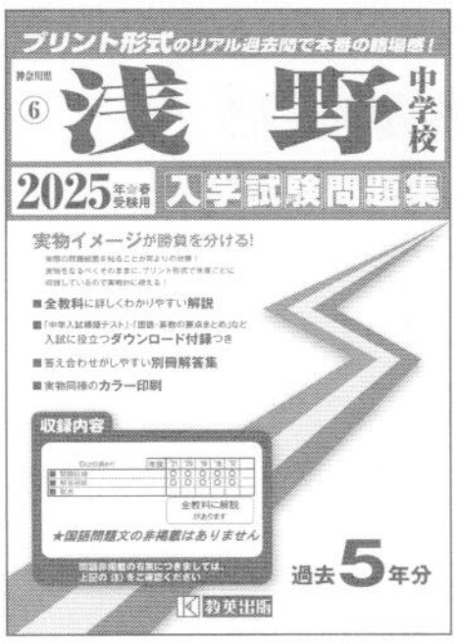

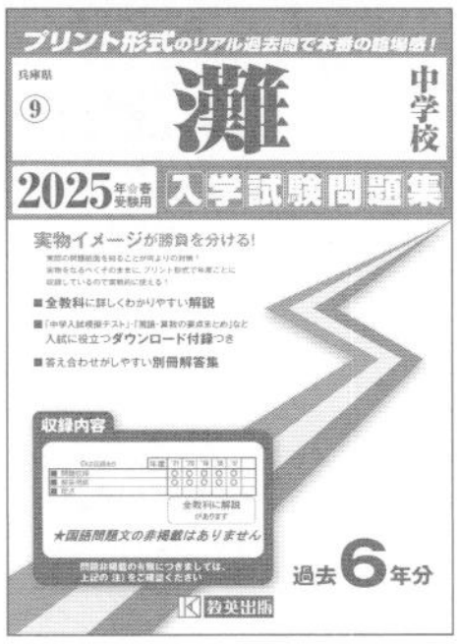

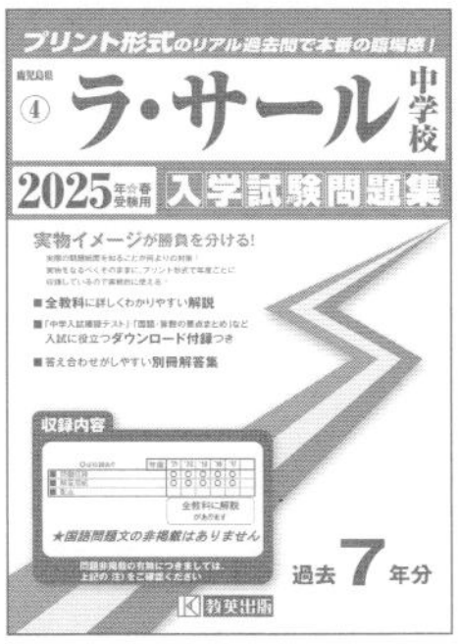

学校別問題集

✿はカラー問題対応

北海道
①[市立]札幌開成中等教育学校
②藤女子中学校
③北嶺中学校
④北星学園女子中学校
⑤札幌大谷中学校
⑥札幌光星中学校
⑦立命館慶祥中学校
⑧函館ラ・サール中学校

青森県
①[県立]三本木高等学校附属中学校

岩手県
①[県立]一関第一高等学校附属中学校

宮城県
①[県立]宮城県古川黎明中学校
②[県立]宮城県仙台二華中学校
③[市立]仙台青陵中等教育学校
④東北学院中学校
⑤仙台白百合学園中学校
⑥聖ウルスラ学院英智中学校
⑦宮城学院中学校
⑧秀光中学校
⑨古川学園中学校

秋田県
①[県立]
- 大館国際情報学院中学校
- 秋田南高等学校中等部
- 横手清陵学院中学校

山形県
①[県立]
- 東桜学館中学校
- 致道館中学校

福島県
①[県立]
- 会津学鳳中学校
- ふたば未来学園中学校

茨城県
①[県立]
- 日立第一高等学校附属中学校
- 太田第一高等学校附属中学校
- 水戸第一高等学校附属中学校
- 鉾田第一高等学校附属中学校
- 鹿島高等学校附属中学校
- 土浦第一高等学校附属中学校
- 竜ヶ崎第一高等学校附属中学校
- 下館第一高等学校附属中学校
- 下妻第一高等学校附属中学校
- 水海道第一高等学校附属中学校
- 勝田中等教育学校
- 並木中等教育学校
- 古河中等教育学校

栃木県
①[県立]
- 宇都宮東高等学校附属中学校
- 佐野高等学校附属中学校
- 矢板東高等学校附属中学校

群馬県
①
- [県立]中央中等教育学校
- [市立]四ツ葉学園中等教育学校
- [市立]太田中学校

埼玉県
①[県立]伊奈学園中学校
②[市立]浦和中学校
③[市立]大宮国際中等教育学校
④[市立]川口市立高等学校附属中学校

千葉県
①[県立]
- 千葉中学校
- 東葛飾中学校

②[市立]稲毛国際中等教育学校

東京都
①[国立]筑波大学附属駒場中学校
②[都立]白鷗高等学校附属中学校
③[都立]桜修館中等教育学校
④[都立]小石川中等教育学校
⑤[都立]両国高等学校附属中学校
⑥[都立]立川国際中等教育学校
⑦[都立]武蔵高等学校附属中学校
⑧[都立]大泉高等学校附属中学校
⑨[都立]富士高等学校附属中学校
⑩[都立]三鷹中等教育学校
⑪[都立]南多摩中等教育学校
⑫[区立]九段中等教育学校
⑬開成中学校
⑭麻布中学校
⑮桜蔭中学校
⑯女子学院中学校
✿⑰豊島岡女子学園中学校
⑱東京都市大学等々力中学校
⑲世田谷学園中学校
✿⑳広尾学園中学校(第2回)
✿㉑広尾学園中学校(医進・サイエンス回)
㉒渋谷教育学園渋谷中学校(第1回)
㉓渋谷教育学園渋谷中学校(第2回)
㉔東京農業大学第一高等学校中等部(2月1日 午後)
㉕東京農業大学第一高等学校中等部(2月2日 午後)

神奈川県

①[県立]
- 相模原中等教育学校
- 平塚中等教育学校

②[市立]南高等学校附属中学校
③[市立]横浜サイエンスフロンティア高等学校附属中学校
④[市立]川崎高等学校附属中学校
✿⑤聖光学院中学校
✿⑥浅野中学校
⑦洗足学園中学校
⑧法政大学第二中学校
⑨逗子開成中学校（1次）
⑩逗子開成中学校（2·3次）
⑪神奈川大学附属中学校（第1回）
⑫神奈川大学附属中学校（第2·3回）
⑬栄光学園中学校
⑭フェリス女学院中学校

新潟県

①[県立]
- 村上中等教育学校
- 柏崎翔洋中等教育学校
- 燕中等教育学校
- 津南中等教育学校
- 直江津中等教育学校
- 佐渡中等教育学校

②[市立]高志中等教育学校
③新潟第一中学校
④新潟明訓中学校

石川県

①[県立]金沢錦丘中学校
②星稜中学校

福井県

①[県立]高志中学校

山梨県

①山梨英和中学校
②山梨学院中学校
③駿台甲府中学校

長野県

①[県立]
- 屋代高等学校附属中学校
- 諏訪清陵高等学校附属中学校

②[市立]長野中学校

岐阜県

①岐阜東中学校
②鶯谷中学校
③岐阜聖徳学園大学附属中学校

静岡県

①[国立]静岡大学教育学部附属中学校（静岡·島田·浜松）
②
- [県立]清水南高等学校中等部
- [県立]浜松西高等学校中等部
- [市立]沼津高等学校中等部

③不二聖心女子学院中学校
④日本大学三島中学校
⑤加藤学園暁秀中学校
⑥星陵中学校
⑦東海大学付属静岡翔洋高等学校中等部
⑧静岡サレジオ中学校
⑨静岡英和女学院中学校
⑩静岡雙葉中学校
⑪静岡聖光学院中学校
⑫静岡学園中学校
⑬静岡大成中学校
⑭城南静岡中学校
⑮静岡北中学校
⑯
- 常葉大学附属常葉中学校
- 常葉大学附属橘中学校
- 常葉大学附属菊川中学校

⑰藤枝明誠中学校
⑱浜松開誠館中学校
⑲静岡県西遠女子学園中学校
⑳浜松日体中学校
㉑浜松学芸中学校

愛知県

①[国立]愛知教育大学附属名古屋中学校
②愛知淑徳中学校
③
- 名古屋経済大学市邨中学校
- 名古屋経済大学高蔵中学校

④金城学院中学校
⑤椙山女学園中学校
⑥東海中学校
⑦南山中学校男子部
⑧南山中学校女子部
⑨聖霊中学校
⑩滝中学校
⑪名古屋中学校
⑫大成中学校
⑬愛知中学校
⑭星城中学校
⑮名古屋葵大学中学校（名古屋女子大学中学校）
⑯愛知工業大学名電中学校
⑰海陽中等教育学校（特別給費生）
⑱海陽中等教育学校（I·II）
⑲中部大学春日丘中学校
新刊⑳名古屋国際中学校

三重県

①[国立]三重大学教育学部附属中学校
②暁中学校
③海星中学校
④四日市メリノール学院中学校
⑤高田中学校
⑥セントヨゼフ女子学園中学校
⑦三重中学校
⑧皇學館中学校
⑨鈴鹿中等教育学校
⑩津田学園中学校

滋賀県

①[国立]滋賀大学教育学部附属中学校
②[県立]
- 河瀬中学校
- 守山中学校
- 水口東中学校

京都府

①[国立]京都教育大学附属桃山中学校
②[府立]洛北高等学校附属中学校
③[府立]園部高等学校附属中学校
④[府立]福知山高等学校附属中学校
⑤[府立]南陽高等学校附属中学校
⑥[市立]西京高等学校附属中学校
⑦同志社中学校
⑧洛星中学校
⑨洛南高等学校附属中学校
⑩立命館中学校
⑪同志社国際中学校
⑫同志社女子中学校（前期日程）
⑬同志社女子中学校（後期日程）

大阪府

①[国立]大阪教育大学附属天王寺中学校
②[国立]大阪教育大学附属平野中学校
③[国立]大阪教育大学附属池田中学校

④[府立]富田林中学校
⑤[府立]咲くやこの花中学校
⑥[府立]水都国際中学校
⑦清風中学校
⑧高槻中学校(A日程)
⑨高槻中学校(B日程)
⑩明星中学校
⑪大阪女学院中学校
⑫大谷中学校
⑬四天王寺中学校
⑭帝塚山学院中学校
⑮大阪国際中学校
⑯大阪桐蔭中学校
⑰開明中学校
⑱関西大学第一中学校
⑲近畿大学附属中学校
⑳金蘭千里中学校
㉑金光八尾中学校
㉒清風南海中学校
㉓帝塚山学院泉ヶ丘中学校
㉔同志社香里中学校
㉕初芝立命館中学校
㉖関西大学中等部
㉗大阪星光学院中学校

兵庫県

①[国立]神戸大学附属中等教育学校
②[県立]兵庫県立大学附属中学校
③雲雀丘学園中学校
④関西学院中学部
⑤神戸女学院中学部
⑥甲陽学院中学校
⑦甲南中学校
⑧甲南女子中学校
⑨灘中学校
⑩親和中学校
⑪神戸海星女子学院中学校
⑫滝川中学校
⑬啓明学院中学校
⑭三田学園中学校
⑮淳心学院中学校
⑯仁川学院中学校
⑰六甲学院中学校
⑱須磨学園中学校(第1回入試)
⑲須磨学園中学校(第2回入試)
⑳須磨学園中学校(第3回入試)
㉑白陵中学校
㉒夙川中学校

奈良県

①[国立]奈良女子大学附属中等教育学校
②[国立]奈良教育大学附属中学校
③[県立]
　国際中学校
　青翔中学校
④[市立]一条高等学校附属中学校
⑤帝塚山中学校
⑥東大寺学園中学校
⑦奈良学園中学校
⑧西大和学園中学校

和歌山県

①[県立]
　古佐田丘中学校
　向陽中学校
　桐蔭中学校
　日高高等学校附属中学校
　田辺中学校
②智辯学園和歌山中学校
③近畿大学附属和歌山中学校
④開智中学校

岡山県

①[県立]岡山操山中学校
②[県立]倉敷天城中学校
③[県立]岡山大安寺中等教育学校
④[県立]津山中学校
⑤岡山中学校
⑥清心中学校
⑦岡山白陵中学校
⑧金光学園中学校
⑨就実中学校
⑩岡山理科大学附属中学校
⑪山陽学園中学校

広島県

①[国立]広島大学附属中学校
②[国立]広島大学附属福山中学校
③[県立]広島中学校
④[県立]三次中学校
⑤[県立]広島叡智学園中学校
⑥[市立]広島中等教育学校
⑦[市立]福山中学校
⑧広島学院中学校
⑨広島女学院中学校
⑩修道中学校
⑪崇徳中学校
⑫比治山女子中学校
⑬福山暁の星女子中学校
⑭安田女子中学校
⑮広島なぎさ中学校
⑯広島城北中学校
⑰近畿大学附属広島中学校福山校
⑱盈進中学校
⑲如水館中学校
⑳ノートルダム清心中学校
㉑銀河学院中学校
㉒近畿大学附属広島中学校東広島校
㉓AICJ中学校
㉔広島国際学院中学校
㉕広島修道大学ひろしま協創中学校

山口県

①[県立]
　下関中等教育学校
　高森みどり中学校
②野田学園中学校

徳島県

①[県立]
　富岡東中学校
　川島中学校
　城ノ内中等教育学校
②徳島文理中学校

香川県

①大手前丸亀中学校
②香川誠陵中学校

愛媛県

①[県立]
　今治東中等教育学校
　松山西中等教育学校
②愛光中学校
③済美平成中等教育学校
④新田青雲中等教育学校

高知県

①[県立]
　安芸中学校
　高知国際中学校
　中村中学校

福岡県

①［国立］福岡教育大学附属中学校（福岡·小倉·久留米）

②［県立］
- 育徳館中学校
- 門司学園中学校
- 宗像中学校
- 嘉穂高等学校附属中学校
- 輝翔館中等教育学校

③西南学院中学校
④上智福岡中学校
⑤福岡女学院中学校
⑥福岡雙葉中学校
⑦照曜館中学校
⑧筑紫女学園中学校
⑨敬愛中学校
⑩久留米大学附設中学校
⑪飯塚日新館中学校
⑫明治学園中学校
⑬小倉日新館中学校
⑭久留米信愛中学校
⑮中村学園女子中学校
⑯福岡大学附属大濠中学校
⑰筑陽学園中学校
⑱九州国際大学付属中学校
⑲博多女子中学校
⑳東福岡自彊館中学校
㉑八女学院中学校

佐賀県

①［県立］
- 香楠中学校
- 致遠館中学校
- 唐津東中学校
- 武雄青陵中学校

②弘学館中学校
③東明館中学校
④佐賀清和中学校
⑤成穎中学校
⑥早稲田佐賀中学校

長崎県

①［県立］
- 長崎東中学校
- 佐世保北中学校
- 諫早高等学校附属中学校

②青雲中学校
③長崎南山中学校
④長崎日本大学中学校
⑤海星中学校

熊本県

①［県立］
- 玉名高等学校附属中学校
- 宇土中学校
- 八代中学校

②真和中学校
③九州学院中学校
④ルーテル学院中学校
⑤熊本信愛女学院中学校
⑥熊本マリスト学園中学校
⑦熊本学園大学付属中学校

大分県

①［県立］大分豊府中学校
②岩田中学校

宮崎県

①［県立］五ヶ瀬中等教育学校

②［県立］
- 宮崎西高等学校附属中学校
- 都城泉ヶ丘高等学校附属中学校

③宮崎日本大学中学校
④日向学院中学校
⑤宮崎第一中学校

鹿児島県

①［県立］楠隼中学校
②［市立］鹿児島玉龍中学校
③鹿児島修学館中学校
④ラ・サール中学校
⑤志學館中等部

沖縄県

①［県立］
- 与勝緑が丘中学校
- 開邦中学校
- 球陽中学校
- 名護高等学校附属桜中学校

もっと過去問シリーズ

北海道

北嶺中学校
7年分（算数・理科・社会）

静岡県

静岡大学教育学部附属中学校
（静岡·島田·浜松）
10年分（算数）

愛知県

愛知淑徳中学校
7年分（算数・理科・社会）
東海中学校
7年分（算数・理科・社会）
南山中学校男子部
7年分（算数・理科・社会）
南山中学校女子部
7年分（算数・理科・社会）
滝中学校
7年分（算数・理科・社会）
名古屋中学校
7年分（算数・理科・社会）

岡山県

岡山白陵中学校
7年分（算数・理科）

広島県

広島大学附属中学校
7年分（算数・理科・社会）
広島大学附属福山中学校
7年分（算数・理科・社会）
広島学院中学校
7年分（算数・理科・社会）
広島女学院中学校
7年分（算数・理科・社会）
修道中学校
7年分（算数・理科・社会）
ノートルダム清心中学校
7年分（算数・理科・社会）

愛媛県

愛光中学校
7年分（算数・理科・社会）

福岡県

福岡教育大学附属中学校
（福岡·小倉·久留米）
7年分（算数・理科・社会）
西南学院中学校
7年分（算数・理科・社会）
久留米大学附設中学校
7年分（算数・理科・社会）
福岡大学附属大濠中学校
7年分（算数・理科・社会）

佐賀県

早稲田佐賀中学校
7年分（算数・理科・社会）

長崎県

青雲中学校
7年分（算数・理科・社会）

鹿児島県

ラ·サール中学校
7年分（算数・理科・社会）

※もっと過去問シリーズは
国語の収録はありません。

教英出版
〒422-8054
静岡県静岡市駿河区南安倍3丁目12－28
TEL 054-288-2131
FAX 054-288-2133
詳しくは教英出版で検索
教英出版　検索
URL https://kyoei-syuppan.net/

令和六年度　鹿《か》児《ご》島《しま》市立鹿児島玉龍《りゅう》中学校

適性検査Ⅰ

（時間四十五分）

《注意事項《こう》》

一　「はじめ」の合図があるまで、この問題用紙を開いてはいけません。

二　指示があってから、問題用紙と解答用紙の決められた欄《らん》に受検番号を受検票のとおり記入しなさい。

三　解答はすべて、解答用紙の決められた場所に記入しなさい。

四　問題を声に出して読んではいけません。

五　印刷がはっきりしなかったり、問題用紙や解答用紙が足りなかったりする場合は、だまって手をあげなさい。

六　「やめ」の合図で、すぐに鉛《えん》筆を置き、問題用紙と解答用紙の受検番号が書いてある面を上にし、解答用紙は広げてつくえの上に置きなさい。

受検番号	

2024(R6) 鹿児島玉龍中
教英出版

【課題1】

鹿児島《かごしま》市に住んでいる小学校六年生の玉美《たまみ》さんと龍太《りゅうた》さんが話をしています。【資料1】を読んで後の問いに答えなさい。

龍太　AI《エーアイ》が人の感性とか感覚を学習するようになっているんだってね。使えば使うほど、その人の好みを学習していくそうだよ。

玉美　ロボットに人の感覚が分かるの？　どんな情報から判断しているのかな？

龍太　それで気になって、AIと人間の感覚について書いてある文章を読んでみたんだ。

【資料1】

1 人が運転しなくても、自動車が自分で考えて目的地まで連れて行ってくれる。何十年も前は夢として考えられていた「自動車が本当の『自動車になる』といったことも、すでに実用化の段階《だんかい》にまで来ているようです。これまで人がしていたことを機械が自動的にできるようになったのは、コンピュータの高度なプログラムである、AI（人工知能）が開発①されたことによります。

2 AIとは、人の知能の働きを人工的に実現しようとしたもののことをいいます。それは、ある情報を、あらかじめコンピュータにデータとして入力し、そのデータをもとに、類似《じ》する事例を認《にん》識したり、論《ろん》理的に判断したりするためのプログラムとして作られています。

3 では、「感覚」という人の知能の働きについても、AIが実現することは可能なのでしょうか。感覚に着目して、人の知能と人工知能の関係をさぐりながら、その過程を見ていきましょう。

4 みなさんは、人前で話したり、歌やダンスなどを発表したりするとき、「緊《きん》張してむねがどきどきした。」と言ったことがあるでしょう。このときの「どきどき」のような、音や物事の様子を表した言葉のことを、「オノマトペ」といいます。オノマトペには「ざわざわ」など耳で聞いたことを表す言葉、「さらさら」や「ざらざら」などものの手ざわりを表す言葉、「つうん」など鼻でかいだにおいを表す言葉、「こってり」など食べたときの食感や味を表す言葉などがあり、私《わたし》たちはオノマトペを使って、自分の感覚を伝えることができます。（略）

5 このように、人は、声に出すことで聞こえる音と意味との関係を細かに感じながら、音、見た目、手ざわり、においや味などの感覚を、オノマトペを使って推《すい》測したり、表現したりしているのです。そしてそれは、人が身体を通して外の世界とつながっているからできることです。しかし、AIには身体がありません。AIは、人のような感覚を経験することができませんし、それらを知識として獲《かく》得することもできません。ですから、人が身体を通して得る感覚を、AIが知識として獲得するためには、それらを何らかの形でコンピュータに入力する必要があるのです。

6 では、人間の身体を通した感覚を、どのように知識として人工知能に取り込《こ》み、それをオノマトペのような言葉として使えるようにしていくのでしょうか。

7 私はまず、人の感覚を表すオノマトペを、数値《ち》化するシステムを作ることにしました。そのシステムについて、少しふれてみましょう。言葉はふつう、考えや気持ち、そのものの名前や意味を表すものですが、状況《きょう》によってさまざまな伝わり方をすることがあります。そのため、言葉そのものに基準を決めて数値化するのには向いていません。一方、オノマトペはその音のもつ意味を一つ一つ分析《せき》した研究データがあるので、ある程度、だれにでも分かりやすいように数値で示すことができます。例えば、「ふ」や「わ」など、一つ一つの文字に対する音の印象について、言葉をこえた感覚をもっています。また、「ふ」が「ふわふわ」や「ふにゃふにゃ」などのやわらかさを表現するときによく使われる音であることを、経験的に理解しています。

8 このような、言葉を音にした印象を、感覚的に理解する人間の特性を生かし、文字を一つ一つデータ化することにしました。そして、それぞれのオノマトペについて、「明るい⇕暗い」、「温かい⇕冷たい」、「厚い⇕うすい」などの印象を四十三項《こう》目挙げて評価することで、オノマトペを数値化することに成功しました。（略）

9 ＡＩを生かしたこのシステムを使うことによって、人々の感性にうったえることのできるオノマトペを、確かめたり作ったりすることが可能になりました。今後の実用化に向けて、このＡＩを使ったシステムは、さまざまなことに役立っていくのではないかと考えています。例えば、新商品の名前や広告コピーなどが、人の感覚に合うようにできているかどうかを確かめることができます。また、小説や歌詞《し》、マンガなどに使うための新たな表現を生み出すこともできるでしょう。

10 ＡＩを利用したオノマトペ生成システムから、私たちはふだん無意識に使っている言葉について、どのようなときに、どう使っているのかを自覚することができます。それによって、適した言葉の使い方を見いだしたり、日本語の良さやおもしろさを再発見したりすることもあるでしょう。

11 私たち人間は、言葉と向き合うことで、新しいイメージを広げ、自身の感性をみがくことができます。この人間独自のものである感性を、人工知能が作った言葉から受け取ってみるのも、おもしろいと思いませんか。今後も人間しかできないといわれていたさまざまなことに、ＡＩの最新技術を取り入れることで、②人間とＡＩが共存《そん》する新しい世界が開かれていくことでしょう。

※問題の都合上、一部省略しています。

（坂本真樹《さかもとまき》「ＡＩで言葉と向き合う」による）

問一　玉美さんは、この文章の——線部①をノートにまとめようとしています。正しくまとめているものをすべて選び、記号で答えなさい。

ア　ＡＩはあらかじめ入力された情報をもとに類似《じ》する事例を認識したり論理的に判断したりしている。

イ　ＡＩは論理的に判断するためのプログラムであり、人の知能の働きよりもたいへんすぐれている。

ウ　事例を挙げ論理的に判断するためには、人の知能の働きを人工的に実現するＡＩを使うべきである。

エ　類似する事例を認識したり、論理的に判断したりするためのプログラムとしてＡＩは作られている。

オ　論理的に判断するためのデータをあらかじめ入力することに、人々は多くの時間を費《つい》やしてきた。

問二　次は龍太さんが7段落《だんらく》についてまとめたものです。（ア）・（イ）・（ウ）・（エ）に適当な言葉を答えなさい。ただし、（ア）・（イ）は当てはまる言葉を7段落から抜《ぬ》き出して書き、（ウ）・（エ）は当てはまる適当なオノマトペを二つ考えて書きなさい。

① オノマトペ　～本文から分かること～

「ふ」や「わ」など一つ一つの文字に対する音の印象について、（　ア　）をもっている。

「ふ」…ふわふわ、ふにゃふにゃ

→（　イ　）を表現するときに使われる音

② オノマトペ　～本文をもとに考えたこと～

「ふ／（ぷ）」…ぷにぷに、ぷよぷよ

→やわらかさ

「び／（ぴ）」…びしゃびしゃ、ぴちゃぴちゃ

→ぬれた感じ

「べ／（ぺ）」…べたべた、ぺちゃぺちゃ

→ぬれた感じ

「か／（が）」…かちかち、がちがち

→かたい感じ

「こ／（ご）」…（　ウ　）、（　エ　）

→かたい感じ

①と②を表にまとめると・・・

やわらかさ	ぬれた感じ	かたさ
・ふわふわ ・ふにゃふにゃ ・ぷにぷに ・ぷよぷよ	・びしゃびしゃ ・ぴちゃぴちゃ ・べたべた ・ぺちゃぺちゃ	・かちかち ・がちがち ・（　ウ　） ・（　エ　）

令和６年度

鹿《か》児《ご》島《しま》市立鹿児島玉龍《りゅう》中学校

適性検査Ⅱ

（時間４５分）

《注意事項《こう》》

1　「はじめ」の合図があるまで、この問題用紙を開いてはいけません。

2　指示があってから、問題用紙と解答用紙の決められた欄《らん》に受検番号を受検票のとおり記入しなさい。

3　解答はすべて、解答用紙の決められた場所に記入しなさい。

4　問題を声に出して読んではいけません。

5　印刷がはっきりしなかったり、問題用紙や解答用紙が足りなかったりする場合は、だまって手をあげなさい。

6　「やめ」の合図で、すぐに鉛《えん》筆を置き、問題用紙と解答用紙の受検番号が書いてある面を上にし、解答用紙は広げてつくえの上に置きなさい。

受検番号	

I　玉美《たまみ》さん、龍太《りゅうた》さん、先生が鹿児島《かごしま》県についての調べ学習をしています。

玉美：去年は鹿児島県で大きなイベントがたくさんあったね。

龍太：夏の「かごしま総文 2023」や秋の「かごしま国体」・「かごしま大会」とかだね。かごしま国体では、鹿児島市でも陸上競技や水泳、柔《じゅう》道や卓《たっ》球、バレーボールなどが行われて、たくさんの人が鹿児島県を訪《おとず》れたね。

玉美：鹿児島県と熊本《くまもと》県、宮崎《みやざき》県、佐賀《さが》県の観光客数の移り変わりに関するこんなデータがあるよ。

【資料1】 鹿児島県・熊本県・宮崎県・佐賀県の観光客数の移り変わり

	2019年（令和元年）	2020年（令和2年）	2021年（令和3年）
鹿児島県	2120万人	1643万人	1935万人
熊本県	4889万人	3305万人	3244万人
宮崎県	1588万人	1020万人	1013万人
佐賀県	3393万人	2115万人	2086万人

（各県観光統計より作成）※数字は千の位を四捨五入して表記

龍太：２０１９年（令和元年）と２０２０年（令和２年）を比べるとどの県も２０２０年（令和２年）に観光客数が［　①　］いるね。

玉美：２０２０年（令和２年）に開催《さい》予定だったかごしま国体が、２０２３年（令和５年）に特別国民体育大会として開催されることになったのも、２０１９年（令和元年）から２０２０年（令和２年）に観光客数が［　①　］いることと関係があるみたい。**②どんな理由があったのかな。**

問１　［　①　］に入る適切な言葉を答えなさい。

問２　以下の文章は、下線部②の理由について述べている。空欄《らん》に入る適切な言葉を答えなさい。

（　　　　　　　　　　　　　　）が影響《えいきょう》したから。

龍太：鹿児島県での国民体育大会の開催は、今回が２回目だよね。

玉美：前回は１９７２年（昭和４７年）に第２７回国民体育大会（太陽国体）として開催されているよ。ということは、５１年ぶりに鹿児島で開催されたんだね。この５１年で鹿児島県の様子もいろいろと変わったんだろうね。人口など今との違《ちが》いがあるのかな。

先生：③【資料２】を見てごらん。鹿児島県の人口を過去と比べてみると、ずいぶん変わってきているのが分かるね。

玉美：６５歳《さい》以上や１５歳未満など、年齢《れい》によって分けて割《わり》合の変化を読み取ると、鹿児島県の人口の移り変わりが分かるね。

龍太：④【資料２】【資料３】【資料４】から、鹿児島県の人口に関する特徴《ちょう》が見えてくるね。

【資料２】鹿児島県の人口及《およ》び世帯数の移り変わり

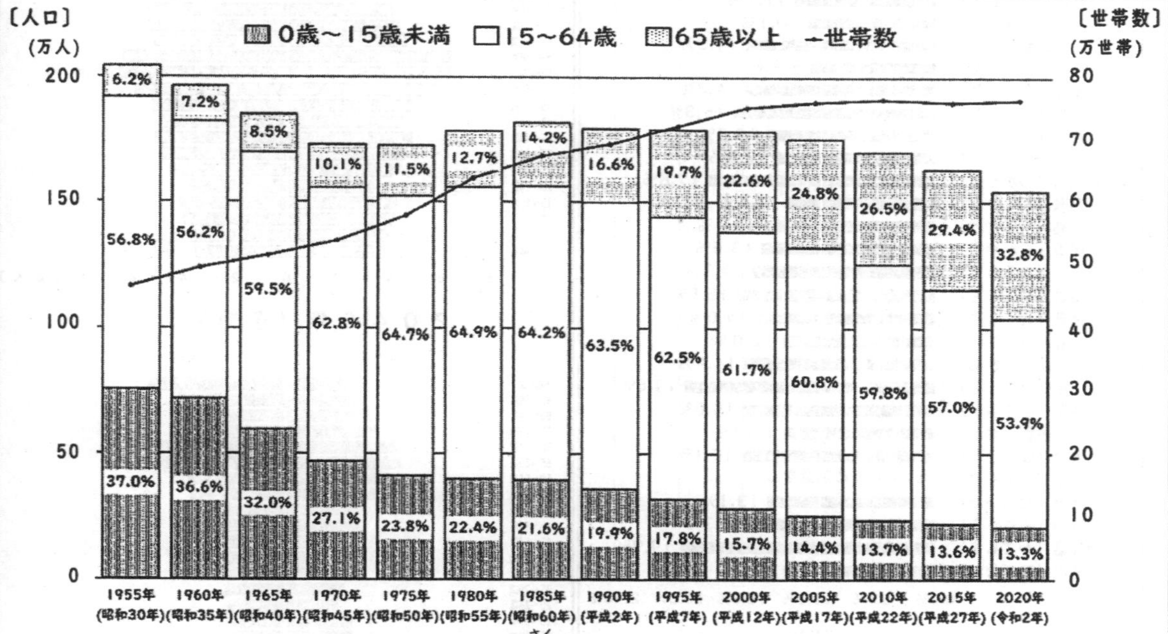

（鹿児島県総合政策《さく》部統計課資料より作成）

※　各棒《ぼう》グラフは、その年の総人口を示しています。
※　折れ線グラフは、世帯数を示しています。
※　世帯数とは、家計と住居を同じにする人々の集まりの数のことです。
※　棒グラフの中が３つに分かれているのは、各年の総人口に対する０歳～１５歳未満、１５歳～６４歳、６５歳以上の人口の割合を示ています。

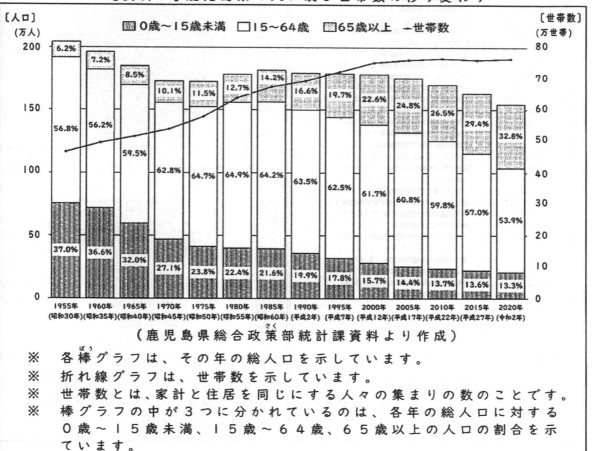

【資料３】２０１６年（平成２８年）
高齢《れい》者世帯における単身世帯の割《わり》合

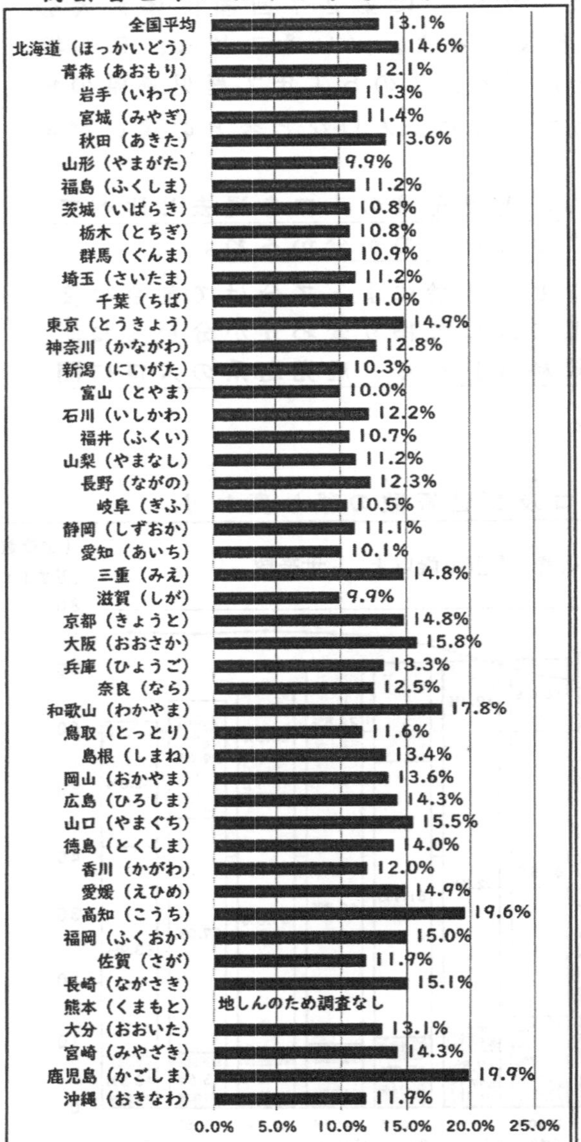

（国民生活基礎《そ》調査の概況《がいきょう》より作成）

※高齢《れい》者世帯とは、６５歳以上の者のみでくらしている世帯のことです。（一部省略）

※単身世帯とは一人くらしをしている世帯のことです。

【資料４】鹿児島県人口ピラミッド

１９７５年（昭和５０年）

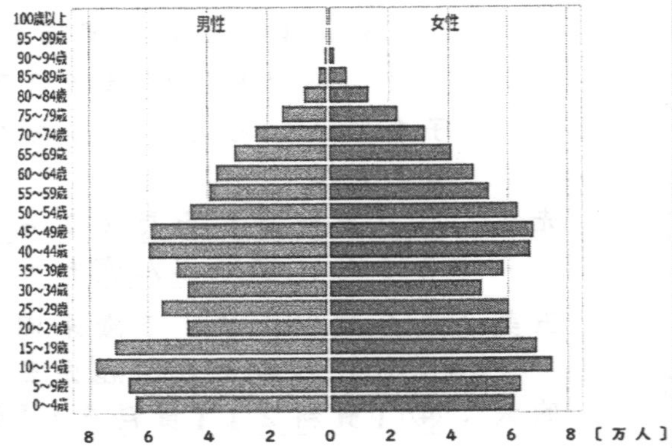

２０１０年（平成２２年）

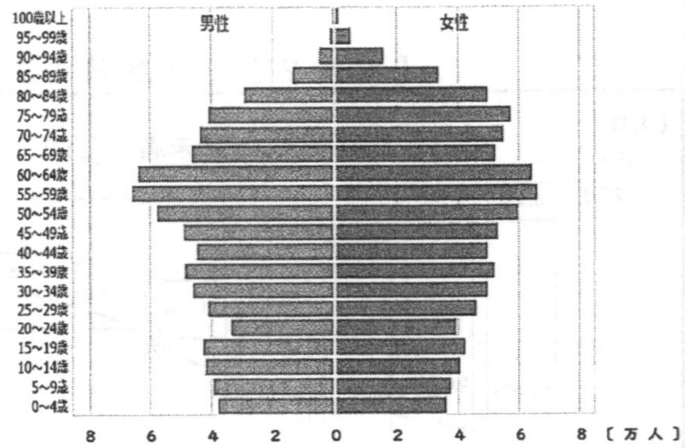

２０４５年（予想）

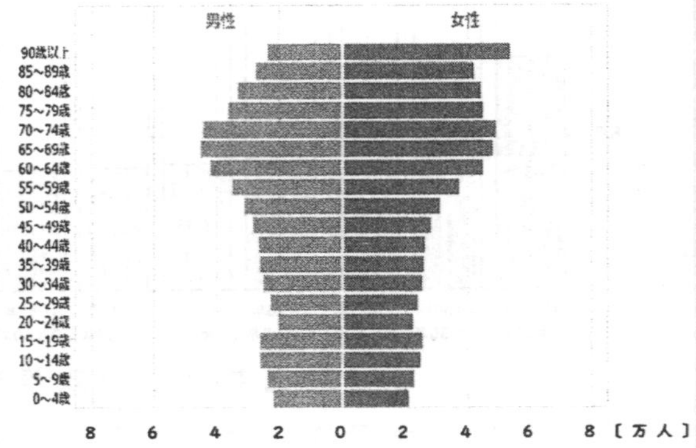

（統計ダッシュボード〔総務省統計局や国立社会保障《しょう》・人口問題研究所のデータを使用〕より作成）

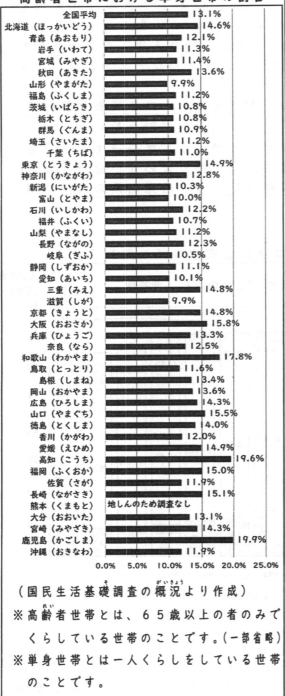

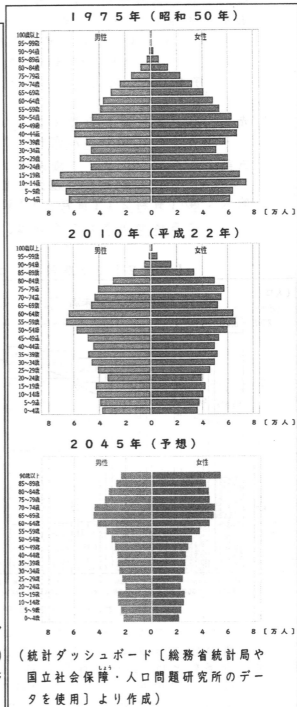

問３　下線部③について、下のア～オは、【資料２】から読み取れる１９５５年（昭和３０年）から２０２０年（令和２年）までの人口や世帯数の変化について述べています。ア～オの事柄《がら》が起こった順番になるように、左から右へ記号を並《なら》べかえなさい。

ア　０歳《さい》から６４歳までの人口の割合が、初めて８０％を下回る。
イ　各年の人口の中での６５歳以上の人口の割合が、初めて０歳から１５歳未満の人口の割合を上回る。
ウ　世帯数が初めて６０万世帯より多くなる。
エ　０歳から１５歳未満の人口の割合が、初めて３０％を下回る。
オ　総人口が一番少なくなる。

問４　下線部④について【資料２】【資料３】【資料４】から読み取れることとして、次のア～オの内容で正しいものには○、正しくないものには×をつけなさい。また、【資料２】【資料３】【資料４】のどの資料をもとに考えたのか、使用した資料の数字を〔　　〕に書きなさい。

記号	内容	○か×	使用した資料の数字
ア	２０１６年（平成２８年）の鹿児島県の高齢《れい》者世帯における単身世帯の割合は、高知県より低く、全国で２番目に高い。		資料〔　　〕
イ	鹿児島県の２０４５年における９０歳以上の人口は女性より男性の方が多い。		資料〔　　〕
ウ	１９８５年（昭和６０年）から２０１０年（平成２２年）にかけて、鹿児島県の人口は減少傾向《けいこう》であるが、世帯数は年々増加傾向である。		資料〔　　〕
エ	２０１６年（平成２８年）の四国地方の県で、高齢者世帯における単身世帯の割合が全国平均より高いのは、２つの県である。		資料〔　　〕
オ	鹿児島県の１９７５年（昭和５０年）と２０４５年の人口を比べると、２０４５年の方が２０歳未満の人口が少ない。		資料〔　　〕

Ⅱ　玉美さんは、図画工作の時間に、たて２４cm、横２８cmの板１枚《まい》を使って、下のようなペン立てを作りました。

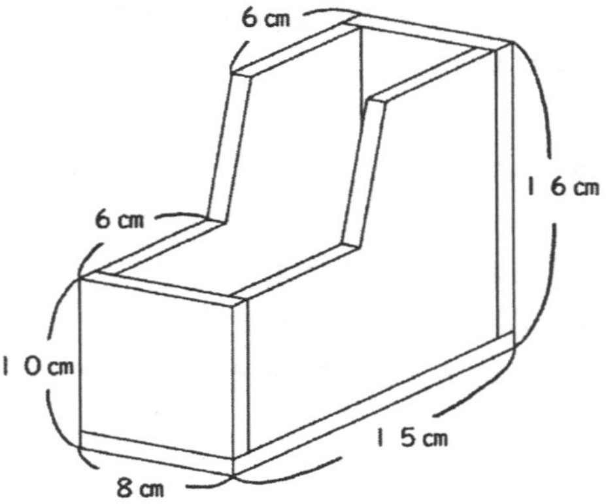

龍太：いいペン立てができたね。板１枚だけでよく作ることができたね。

玉美：板を切る前に、このペン立てを作るのに必要な形が全部用意できるか、板に線を引いて確かめてから作ったらうまくできたよ。板は少しあまったよ。

龍太：すごい。難《むずか》しかったでしょう。

玉美：うん。板の厚さが１cmあったから、それを考えながら線を引くのが難しかったよ。

問５　玉美さんは、どのように線を引いたでしょうか。下の方眼用紙に定規を使って線を引きなさい。下の方眼用紙は玉美さんが使った板と同じ大きさとします。また、マスの一辺は１cmとします。

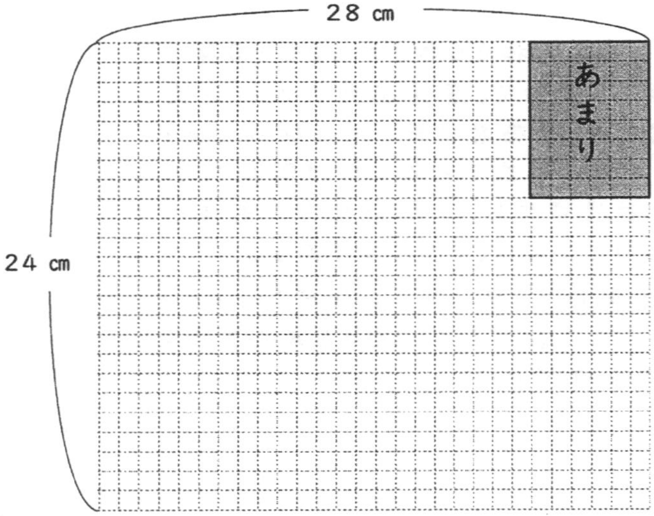

令和六年度　鹿児島市立鹿児島玉龍中学校　適性検査Ⅰ　解答用紙

※80点満点
（配点非公表）

問一

問二

ア

イ

ウ

エ

問三

〔問い〕

問四

問四

令和六年度 [illegible] 解答用紙

答用紙

※120点満点
（配点非公表）

受検番号	

ア		イ		ウ	

完全数４９６は、１から　エ　　　までの整数の和になる。

《考え方》

①		②		③		④	

おもりのつるし方を変える前：（　　　）

《理由》

令和6年度　鹿児島市立鹿児島玉龍中学校　適性検査Ⅱ

問１	観光客数が（　　　　　　　　　　）いる		
問２	（　　　　　　　　　　）が影《えい》響《きょう》したから。		
問３	□ ➡ □ ➡ □ ➡ □ ➡ □		
問４	記号	○か×	使用した資料の数字
	ア		資料〔　　　〕
	イ		資料〔　　　〕
	ウ		資料〔　　　〕
	エ		資料〔　　　〕
	オ		資料〔　　　〕
問５	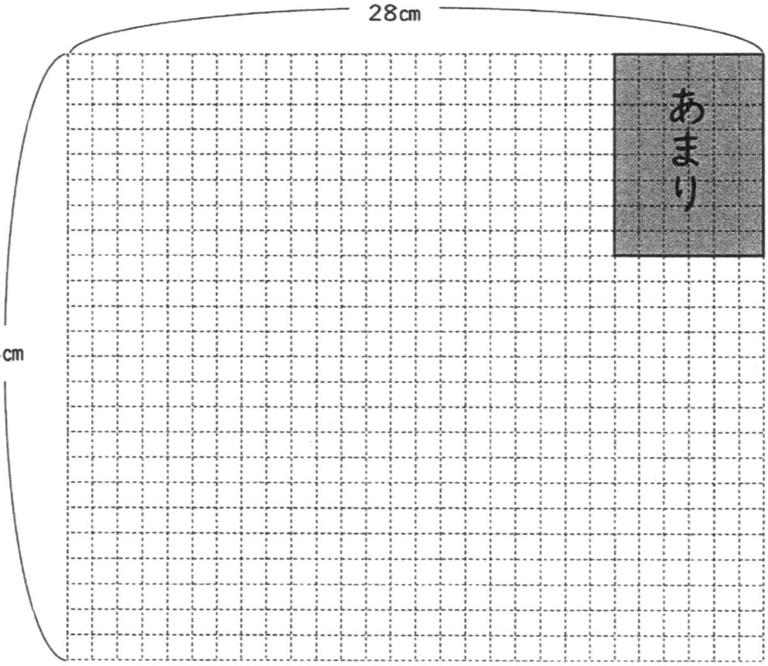		

受検番号

十行

八行

Ⅲ **玉美さんと龍太さんが、数に関する会話をしています。**

龍太：完全数という数を知ってる？
玉美：いや、聞いたことないよ。
龍太：６の約数は１、２、３、６の４つで、６以外の約数を足してみると、６になるよね。
玉美：1+2+3=6だから、確かにそうだね。
龍太：こんなふうに、その数自身を除《のぞ》く約数の和がその数自身に等しい整数を完全数というみたいだよ。
玉美：なんとなく分かったような気がするんだけど・・・、今言った“その数自身”って具体的にはどういうこと？
龍太：さっきの例で言えば、“６”のことだよ。
ちなみに“２８”や“４９６”も完全数なんだって。
玉美：なるほど、完全数と呼《よ》ばれる数は１つだけじゃないんだね。
だから“その数自身”という表現をするんだね。

問６　２８が完全数であることを、言葉や式を使って説明しなさい。

龍太：完全数には他にもおもしろい特徴《ちょう》があって、１から順に並《なら》んだ整数の和で表すこともできるみたいだよ。
玉美：確かに２８＝１＋２＋３＋４＋５＋６＋７となるね。
ところで、順に並んだ整数の和は、数の並びを逆にして書き並べることで、簡《かん》単に求めることができるって知ってた？

$$1+2+3+4+5+6+7$$
$$7+6+5+4+3+2+1$$

こんなふうに、それぞれの点線で囲まれた上の数と下の数の和が［ア］になることに気づくと、

［ア］×［イ］÷［ウ］＝２８

と計算で求めることができるんだよ。

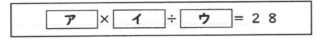

龍太：おもしろい考え方だね。この考え方を利用すると、完全数の４９６が１からいくつまでの整数の和になるか考えることができそうだね。
玉美：うん。一緒《しょ》にやってみましょう。

・・・（下のメモを書きながら）・・・

龍太：こんなふうに、考えることができるね。
玉美：いくつまでの整数になるか分からないから□で表しているんだね。
龍太：この後の式を作ってみよう。
玉美：よし、がんばるぞ。

２人のメモ

１＋２＋３＋・・・・・・・・・・・・・＋□
□＋・・・・・・・・・・・・・＋３＋２＋１

・・・（２人は考えている）・・・

龍太：できた！完全数４９６は、１から[エ]までの整数の和になるよ。
玉美：本当だ。やったね。完全数について教えてくれてありがとう。

問７　[ア]～[ウ]の中に入る数を答えなさい。

問８　上の[エ]の中に入る数を答えなさい。また、どのようにして考えたのか、その考え方を自分の言葉や式を使って説明しなさい。

2024(R6) 鹿児島玉龍中
教英出版
【適

Ⅳ　玉美さんと龍太さんが、ふりこ時計の前で会話をしています。

玉美：ふりこ時計は、ふりこがつねに一定の時間で往復する性質を利用していることを学習したよね。

龍太：どんなふりこでも同じ時間になるのかな。

玉美：いろいろなふりこを作って、ふりこの往復する時間をはかってみれば確かめることができるね。

玉美さんは、糸の長さやおもりの重さ（個数）が異《こと》なるふりこを【図１】のように作り、ふれはばを変えて、ふりこＡ～Ｇが１０往復するのにかかった時間をはかりました。その結果を【表１】にまとめ、先生と龍太さんに見せました。

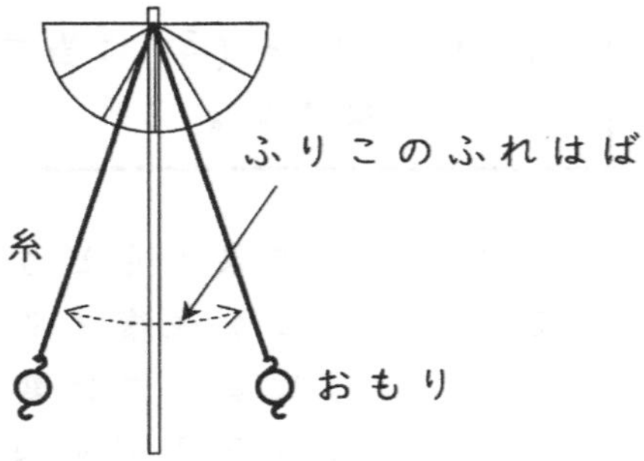

【図１】

【表１】ふりこが１０往復するのにかかった時間

ふりこ	糸の長さ	おもりの重さ	ふりこのふれはば	１０往復するのにかかった時間
Ａ	２５cm	１０グラム	３０°	１０.１秒
Ｂ	２５cm	２０グラム	２０°	１０.２秒
Ｃ	２５cm	３０グラム	２０°	１０.１秒
Ｄ	５０cm	１０グラム	１０°	１４.３秒
Ｅ	５０cm	２０グラム	２０°	１４.３秒
Ｆ	５０cm	２０グラム	３０°	１４.２秒
Ｇ	７５cm	２０グラム	２０°	１７.３秒

龍太：結果を見ると、１０往復するのにかかった時間が同じぐらいのふりこがあるね。

先生：１０往復で０.１秒ぐらいの差は、はかった時間に比べてとても小さいので、その違《ちが》いは考えないで同じ時間だと考えていいですよ。

龍太：そう考えると、（　①　）のふりこと（　②　）のふりこを比べれば、ふりこが往復するのにかかる時間がふりこの重さと関係がないことが分かるね。

玉美：そうだね。同じように（　③　）のふりこと（　④　）のふりこを比べれば、ふりこが往復するのにかかる時間がふりこのふれはばと関係がないことも分かるね。

> **問９　（①）～（④）に当てはまるふりこを、Ａ～Ｇからそれぞれ選びなさい。**

先生：この結果からどういうことが分かると思いますか。

玉美：ふりこが往復するのにかかる時間は、ふりこの重さやふれはばによっては変わらず、糸の長さだけで決まるというまとめになりそうですね。

龍太：ちょっと待って。実は私《わたし》もふりこを作って時間をはかってみたので、その結果も見てください。

【表２】龍太さんが作ったふりこが１０往復するのにかかった時間

	糸の長さ	おもりの重さ	ふりこのふれはば	１０往復するのにかかった時間
龍太	５０cm	３０グラム	３０°	１５.７秒

龍太：私が作ったふりこは、玉美さんが作ったＤ、Ｅ、Ｆのふりこと糸の長さが同じなのに、１０往復するのにかかった時間は大きく違《ちが》います。

先生：どういう方法ではかったのか、もう一度確かめてみる必要がありそうですね。

　龍太さんが作ったふりこを確かめてみると、玉美さんが作ったふりことおもりのつるし方が違うことが分かりました。龍太さんは、おもりのつるし方を変えて、もう一度、１０往復するのにかかる時間をはかり直しました。

龍太：ふりこのおもりのつるし方を変えて、１０往復するのにかかる時間をはかり直してみたら、結果が１４.２秒になったよ。

玉美：ＤやＦのふりこが往復する時間と同じぐらいになったね。ということは、ふりこが往復するのにかかる時間は、ふりこの重さやふれはばによっては変わらず、糸の長さだけで決まるというまとめでよさそうだね。

問１０　龍太さんのふりこについて、おもりのつるし方を変える前のおもりのつるし方として考えられるものを、下のア、イから選びなさい。

　また、おもりのつるし方を変える前に１０往復するのにかかった時間が長かった理由を説明しなさい。

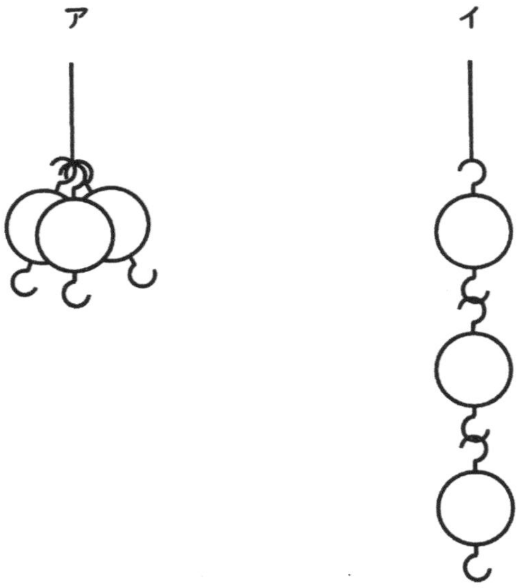

問三　次の玉美さんと龍太さんの会話を読んで、あとの〔問い〕に答えなさい。

龍太　この文章にあるように、AIが人間の感覚や感性まで判断できるようになっているなら、いずれAIが人間の仕事をうばってしまうから共存なんてできない気がするなあ。

玉美　筆者はAIを活用することで私《わたし》たち人間が新しいイメージを広げ、自身の感性をみがくことができるのではないかと言っているよ。

龍太　なるほど。言葉に関すること、小説や歌詞、マンガなどに新しい表現が広がる可能性があると書いているね。

玉美　うん。言葉以外の分野でも活用されているよね。例えば映像や動画、バーチャル空間とか、他にもスポーツでも使っているし、文章の最初に書かれている自動運転も新しい世界が広がっているところだよね。様々な分野でAIを上手に活用することができると思うな。

龍太　人間とAIが共存する世界かあ。どんなふうにAIを活用していったらいいのかなあ。

〔問い〕　「②人間とAIが共存する新しい世界」をつくっていくために、あなたは、今後AIをどのように活用していきたいと考えますか。あなたの考えを書きなさい。

【課題2】　玉美さんと龍太さんが、一分間スピーチの発表原稿《こう》について話をしています。

玉美　一分間スピーチの原稿できたの？

龍太　まだだけど、この「※日《じっ》新《しん》公《こう》いろは歌」の「敵となる人こそは己《おの》が師匠《しょう》ぞ」という歌で何か話せないかなと思っているんだ。

敵となる人こそは己《おの》が師匠ぞと　（てきとなるひとこそはおのがししょうぞと）
思ひかへして　身をも※たしなめ　（おもいかえして　みをもたしなめ）

〔意味〕
自分の敵となる人は憎《にく》むべき人であろうが、よく考えてみると、自分に油断をさせず、刺《し》激《げき》を与《あた》え、自分を磨《みが》いてくれている。敵こそは自分の師匠であると思いなおして、我《わ》が身をつつしみたまえ。

（鹿児島県「語り継《つ》ぐかごしまの教え集」による）

玉美　敵となる人って・・・どういうこと？

龍太　このあとの解説にこう書いてあるんだ。「敵となる人は、十分警戒《けいかい》しなければならない相手であろう。しかし、どのような人でも学ぶべき面があるものであるから、心にゆとりをもって学ぶべき点をよく見極《きわ》めて自分に取り入れ、また手本としても自分の生き方を改め向上してゆくことが大切である。」

玉美　敵ですらお手本や目標にするということなのね。現代の私たちなら、勉強やスポーツで競《きそ》い合う相手ととらえ直してもいいかな。私ならどんなスピーチにするかなあ。

問四　あなたなら、「敵となる人こそは・・・」の歌をもとにどのようなスピーチをしますか。次の〈条件〉にしたがって、あなた自身の経験をふまえて、一分間スピーチ発表原稿を作りなさい。

〈条件〉

① 自分にとってお手本・目標と思える人のことを書くこと。

② あなた自身の経験をふまえてこれから心がけていきたいことを書くこと。

③ 題名と名前は書かずに、原稿用紙の使い方にしたがって八行以上十行以内で書くこと。

※ 日新公いろは歌・・・南薩摩《さつま》を治めた島津《しまづ》日新公が人生の教えを四十七首の和歌にまとめたもの。第一首「いにしへ《え》の道を聞きても唱へ《え》ても　わが行ひ《い》にせずばかひ《イ》なし（昔の立派《ぱ》な教えを聞いたり口で唱えたりしても、実行しなければ何の役にも立たない）」が有名。

※ たしなめ・・・反省をうながす。

このページには、問題はありません。

令和五年度　鹿児島市立鹿児島玉龍中学校

適性検査 Ⅰ

（時間四十五分）

《注意事項《じこう》》

一　「はじめ」の合図があるまで、この問題用紙を開いてはいけません。

二　指示があってから、問題用紙と解答用紙の決められた欄《らん》に受検番号を受検票のとおり記入しなさい。

三　解答はすべて、解答用紙の決められた場所に記入しなさい。

四　問題を声に出して読んではいけません。

五　印刷がはっきりしなかったり、問題用紙や解答用紙が足りなかったりする場合は、だまって手をあげなさい。

六　「やめ」の合図で、すぐに鉛《えん》筆を置き、問題用紙と解答用紙の受検番号を書いてある面を上にし、解答用紙は広げてつくえの上に置きなさい。

受検番号	

鹿児島《かごしま》市に住んでいる小学校六年生の玉美《たまみ》さんと龍太《りゅうた》さんが話をしています。

龍太　昨日、市電に乗ったんだけど、座《すわ》っているぼくの前に立ったおとしよりに「どうぞ、座《すわ》ってください」という言葉が言えず、そのまま座《すわ》り続けてしまったんだ。

玉美　いざ、そのときになると行動に移せないことってあるよね。そういえば、こんな本を読んだんだ。

【玉美さんが読んだ本の一部】　※問題の都合上、一部省略しています。

世間《せけん》というのは、あなたと、現在、または将来《しょうらい》、関係のある人達《たち》のことです。

具体的には、学校のクラスメイトや塾《じゅく》で出会う友達、地域《ちいき》のサークルの人や親しい近所の人達《たち》が、あなたにとって「世間《せけん》」です。

「世間《せけん》」の反対語は、「社会」です。

「社会」というのは、あなたと、現在または将来《しょうらい》、なんの関係もない人達《たち》のことです。（中略）

日本人は、基本的に「世間《せけん》」に生きています。

自分に関係のある人達《たち》をとても大切にします。けれど、自分に関係のない「社会」に生きる人達《たち》は、無視《むし》して平気なのです。

それは、冷たいとかいじわるとかではなく、生きる世界が違《ちが》うと思っているからです。

あなたも、街で知り合いに会うと、※1気《き》兼《が》ねなく声をかけるでしょう。

①「世間《せけん》」に生きている人とは、普通《ふつう》に話せます。

でも、知らない人にはなかなか声をかけられないはずです。それは、「社会」に生きる人だからです。

『※2cool《クール》 japan《ジャパン》』に出演しているブラジル人が、ある日、僕《ぼく》に言いました。

「日本人は本当に優《やさ》しい人達《たち》だと思う。3・11の東日本大震災《だいしんさい》の時、みんなが助け合っていた。私《わたし》の国だったら、コンビニが襲《おそ》われたり、交通が乱《みだ》れてパニックになっていただろう。でも、日本人は、そんなことはなかった。素晴《すば》らしい。」

ところが、数日後、②彼《かれ》は戸惑《とまど》った顔をして僕《ぼく》に言いました。

「今日、ベビーカーを抱《かか》えた女性が、駅の階段《かいだん》を上がろうとしていた。彼女《かのじょ》は、ふうふう言いながら、ベビーカーを抱《かか》えていた。信じられない。私《わたし》の国なら、すぐに彼女《かのじょ》を助けて、ベビーカーを代わりに持ってあげるだろう。どうして日本人は彼女《かのじょ》を助けないのか？　日本人は優《やさ》しい人達《たち》じゃなかったのか？」

どうして助けないのか、日本人のあなたなら、その理由は分かるでしょう。日本人は冷たいからか？　違《ちが》いますよね。

ベビーカーを抱《かか》えている女性は、あなたにとって「社会」に生きる人だからですよね。

つまり、あなたと関係ない人だから、あなたは手を貸さないのです。いえ、貸せないと言ってもいいです。他人には声をかけにくいのです。

もし、その女性が、あなたの知っている人なら、あなたは間違《まちが》いなく、すぐに助けたでしょう。

冷たいとか冷たくないとか、関係ないのです。

私達《わたしたち》日本人は、自分と関係のある「世間《せけん》」の人達《たち》とは簡単《かんたん》に交流するけれど、自分と関係のない「社会」の人達《たち》とは、なるべく関わらないようにしているのです。

というか、より正確に言えば、関わり方が分からないのです。

（鴻上尚史《こうかみしょうじ》『「空気」を読んでも従《したが》わない』岩波ジュニア新書による）

※1　気《き》兼《が》ねなく…遠慮《えんりょ》することなく、気軽に。

※2　cool japan…「COOL JAPAN～発掘《はっくつ》！かっこいいニッポン～」外国人の感性を生かして日本のかっこいい文化を発掘《はっくつ》し、その魅力《みりょく》と秘密《ひみつ》を探《さぐ》ろうというNHKの番組。

玉美　この「『世間《せけん》』に生きている人」には話しやすいけど、そうでない人には話しかけにくいという話が、龍太さんが席をゆずることができなかったことと重ならないかな。

龍太　例えば、どんな人が現在「『世間《せけん》』に生きている人」になるのかな。

問一　——線部①「『世間《せけん》』に生きている人」とはどのような人を指すでしょうか。次に挙げる具体例のうち、当てはまるものをすべて選び、記号で答えなさい。

ア　近所の名所を訪《おとず》れている観光客
イ　お正月にお年玉をくださる親戚《しんせき》のおじさん
ウ　電車で隣《となり》にすわったおとしより
エ　通学路で、毎日、あいさつを交《か》わす近所の方
オ　道ですれ違《ちが》った親子連れ

龍太　日本人は、「社会」に生きる人とは距離《きょり》感があるんだね。海外の人にとってはわかりにくいかもね。

玉美　本文でもブラジル人の例が挙げられてるね。

問二　——線部②「彼《かれ》は戸惑《とまど》った顔をして」について、このブラジル人は、どうして戸惑《とまど》った顔をしたのでしょうか。三十字以上、四十字以内で説明しなさい。

龍太　日本人は、社会に生きる人には関《かか》わり方がわからないのかな。

玉美　日本人って、「やさしい心」をもたない人たちなのかな。

考え込《こ》む玉美さんと龍太さんに、先生が一つの詩を紹介《しょうかい》してくれました。次の詩を読み、後の問いに答えなさい。

【先生が紹介《しょうかい》してくれた詩】

いつものことだが
電車は満員だった。

そして
いつものことだが
若者《わかもの》と娘《むすめ》が腰《こし》をおろし
としよりが立っていた。
うつむいていた娘《むすめ》が立って
としよりに席をゆずった。
そそくさとしよりが坐《すわ》った。
礼も言わずにとしよりは次の駅で降《お》りた。
娘《むすめ》は坐《すわ》った。
別のとしよりが娘《むすめ》の前に
横あいから押《お》されてきた。
娘《むすめ》はうつむいた。
しかし
又《また》立って
席を
そのとしよりにゆずった。
としよりは次の駅で礼を言って降《お》りた。
娘《むすめ》は坐《すわ》った。
二度あることは　と言う通り
別のとしよりが娘《むすめ》の前に
押《お》し出《だ》された。
可哀想《かわいそう》に。
娘《むすめ》はうつむいて
そして今度は席を立たなかった。
次の駅も
次の駅も
下唇《したくちびる》をギュッと噛《か》んで
身体《からだ》をこわばらせて——。
僕《ぼく》は電車を降《お》りた。

固くなってうつむいて
娘《むすめ》はどこまで行ったろう。
やさしい心の持主は
いつでもどこでも
※われにもあらず受難《じゅなん》者となる。
何故《なぜ》って
やさしい心の持主は
他人のつらさを自分のつらさのように
感じるから。
やさしい心に責められながら
娘《むすめ》はどこまでゆけるだろう。
下唇《したくちびる》を噛《か》んで
つらい気持ちで
美しい夕焼けも見ないで。

（吉野《よしの》　弘《ひろし》「夕焼け」）

※われにもあらず受難《じゅなん》者となる…自分の本心とは関係なく苦しみ、災難《さいなん》を受けること。

問三　次の会話の中にある①②に当てはまる言葉を詩の中からぬき出して書きなさい。ただし、①は五字で、②は二十字でぬき出すこと。

龍太　先生、ぼくはこの「娘《むすめ》」がどんな気持ちでいるのか気になりました。一回目、席をゆずるだけでも勇気のいる行動だったはず。それが二回目、三回目って、すごく難《むずか》しいことだと思います。

先生　でも、この「娘《むすめ》」も、「娘《むすめ》」の気持ちを考えようとする龍太さんも、作者の吉野《よしの》さんが言っているような（　①　）の持ち主だと思いますよ。

玉美　そうよ。だって龍太さんもこの「娘《むすめ》」と同じように（　　②　　）ことができたわけだから。

龍太　わかった。じゃあこの「娘《むすめ》」に対して手紙を書いてみるよ。

先生　登場人物に手紙を書くのですね。それはいいですね。

問四　この詩の中の「娘《むすめ》」に手紙を書くとしたら、あなたはどのような手紙を書きますか。次の【「娘《むすめ》」への手紙】の続きを書きなさい。その際、後の【条件】にしたがうこと。

【「娘《むすめ》」への手紙】

　学校帰りの電車でおとしよりに席をゆずる
あなたを見かけました。二回目までは席をゆ
ずっていましたが、三回目はそうすることが
できませんでした。その後、あなたはずっと
うつむいていましたね。

一段落目のつづき（二段落目）を書くこと。

【条件】
①　八行以上、十行以内で書くこと。
②　「娘《むすめ》」が三回目に席をゆずれなかった理由を想像して書くこと。
③　席をゆずれなかった理由について、あなたはどのように感じているか書くこと。
④　原稿《げんこう》用紙の使い方にしたがって書くこと。

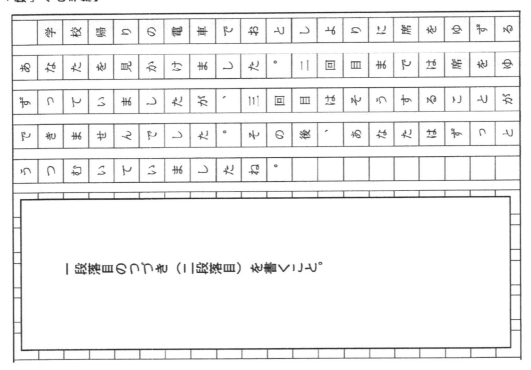

令和５年度

鹿児島市立鹿児島玉龍中学校

適性検査Ⅱ

（時間４５分）

《注意事《じ》項《こう》》

1　「はじめ」の合図があるまで，この問題用紙を開いてはいけません。

2　指示があってから，問題用紙と解答用紙の決められた欄《らん》に受検番号を受検票のとおり記入しなさい。

3　解答はすべて，解答用紙の決められた場所に記入しなさい。

4　問題を声に出して読んではいけません。

5　印刷がはっきりしなかったり，問題用紙や解答用紙が足りなかったりする場合は，だまって手をあげなさい。

6　「やめ」の合図で，すぐに鉛《えん》筆を置き，問題用紙と解答用紙の受検番号を書いてある面を上にし，解答用紙は広げてつくえの上に置きなさい。

受検番号	

Ⅰ　玉美《たまみ》さんと龍太《りゅうた》さんは，県外から鹿児島市に修学旅行に来る小学生と交流するために，観光パンフレットを見ています。

玉美：観光パンフレットに，鹿児島市のシンボルマーク「マグマシティ」**【資料１】**が入っているね。

龍太：「マグマシティ」にこめられた思いを全国のみなさんに伝えていくためのキャラクターもいるんだよ。火山の妖精《ようせい》「マグニョン」**【資料２】**って名前だよ。

玉美：どちらにも，「桜島」がえがかれているね。桜島は鹿児島市のシンボルだからだね。

龍太：桜島には，薩摩《さつま》半島から鹿児島湾《わん》を運行しているフェリーに乗るとおよそ１５分で行けるよ。大《おお》隅《すみ》半島とは陸続きだね。

玉美：農業もさかんで，桜島大根，**①桜島小みかん**，びわ，椿《つばき》などが有名だよ。どうして栽培《さいばい》がさかんなのだろう。

龍太：きっと何か理由があるのだろうね。いっしょに調べてみよう。

玉美：うん，いいよ。桜島と言ったら，農業のほかにも，昨年大きな噴石《ふんせき》が火口から約２．５ｋｍ飛んで，噴火警戒《ふんかけいかい》レベルが初めて最高の避難《ひなん》レベルに引き上げられて，全国ニュースになったよね。

龍太：**②火山とともに生きていく上での工夫や備え**が必要だね。

玉美：それ以上に，**③火山の恵《めぐ》み**もあると思うよ。修学旅行での交流の時には，鹿児島市の魅力《みりょく》や価値《かち》を伝えられたらいいね。

龍太：そうだね，楽しみだね。わたしたちも鹿児島市の魅力《みりょく》をもっと学ぼう。

【資料１】

【資料２】

問１　**①桜島小みかんは，桜島北西部の斜面《しゃめん》の扇状地《せんじょうち》を中心に栽培《さいばい》されています。このみかんも，日本の他の農産物と同じように，㋐自然条件（土地や地形，気候）を生かし，㋑生産者の生産性や品質を高める工夫をして，栽培《さいばい》していることがわかりました。**

このとき，【資料３】，【資料４】，【資料５】は，㋐と㋑のどちらを表しているか，それぞれ当てはまる記号を○で囲み，各資料から読み取れることを具体的に説明しなさい。なお，必要ならば【資料６】を参考にしなさい。

【資料３】鹿児島市街地から桜島を見た様子

【資料４】屋根かけハウス内での作業の様子

（ハウスの上部だけをビニールでおおっている）

【資料５】桜島の気温と降《こう》水量

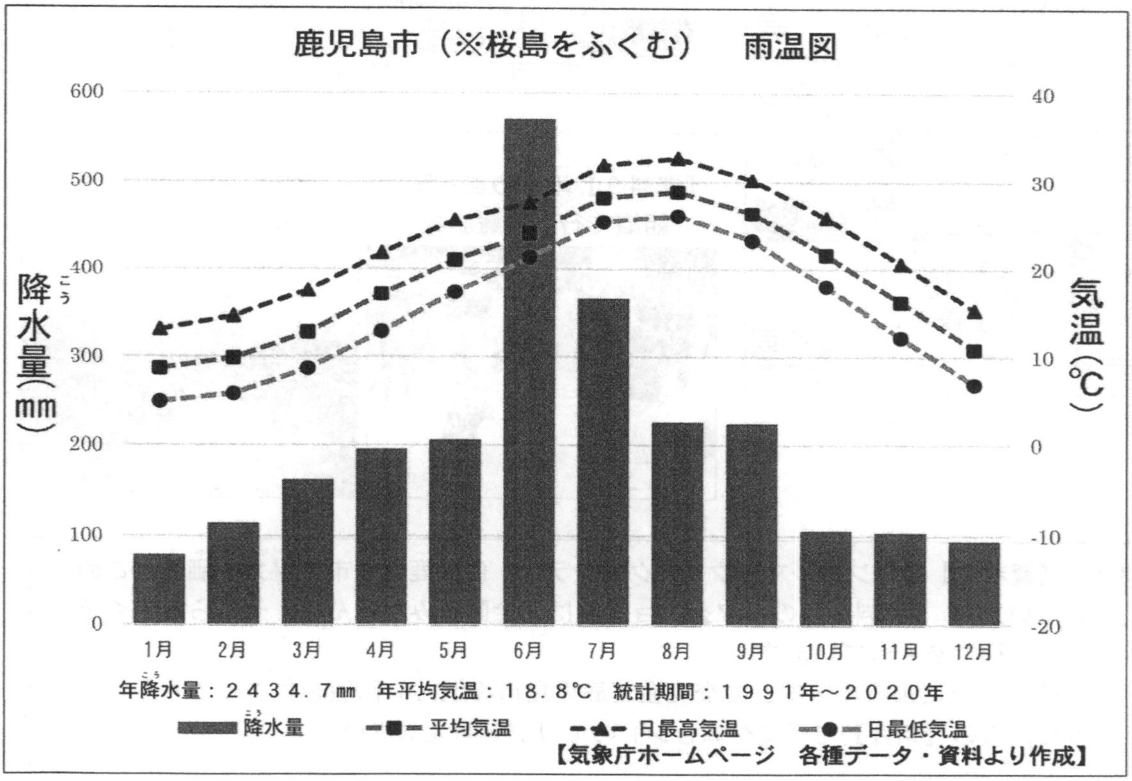

※桜島のピンポイントデータはないため，近い数値《すうち》である鹿児島市のデータを示す。

【資料６】みかんの生育条件

① 年間を通しての日射《しゃ》量（太陽光の直射《しゃ》日光や海面などからの反射《しゃ》光）が豊富である。
② 年平均気温が１６℃以上である。
③ 冬期の最低気温が－５℃以下にならない。
④ 土質は，水はけがよく，小石と粘土《ねんど》を適度にふくむものが適している。

問２　②<u>火山とともに生きていくために</u>，【資料７】～【資料１０】のような工夫や備えを行って，自分の命を自分で守るための行動である「自助《じじょ》」，学校や地域《ちいき》で助け合って守るための活動である「共助《きょうじょ》」，国や県，市などが行う取り組みである「公助《こうじょ》」があります。

　このとき，【資料７】～【資料１０】に示した工夫や備えは，「自助《じじょ》」，「共助《きょうじょ》」，「公助《こうじょ》」のどれと最も関わるか，解答用紙の表の当てはまるところにそれぞれ１つずつ○をかきなさい。

【資料７】ハザードマップの作成

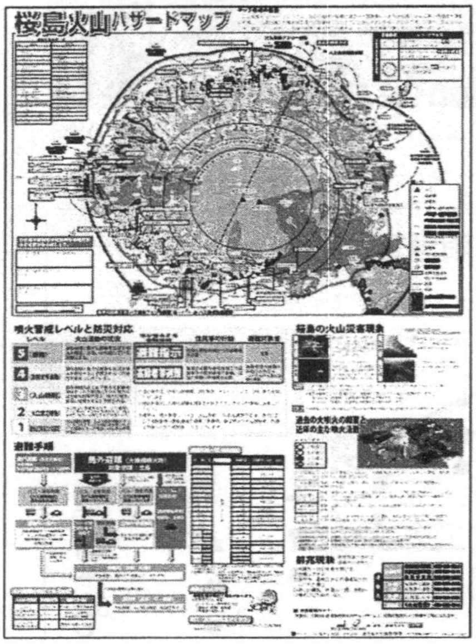

【資料８】各家庭での非常時の持ち出し品の準備

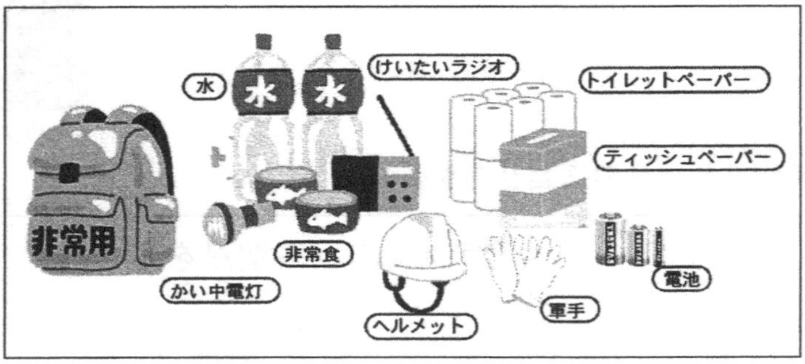

【資料９】地域《ちいき》の自主防災組織で行う避難《ひなん》訓練

【資料１０】土石流を防ぐ砂防《さぼう》ダムの建設

問３　【資料１】のシンボルマーク「マグマシティ」には鹿児島市の魅力《みりょく》や価値《かち》がこめられています。【資料２】の「マグニョン」は，全国のみなさんに，それらを広く伝えていく役割《わり》をもっています。

　修学旅行に来る小学生との交流会で鹿児島市の魅力《みりょく》や価値《かち》をわかってもらえるように，次の【条件】で「マグニョン」のセリフを考えなさい。

【条件】

○　③<u>火山の恵《めぐ》み</u>についてもふれること。

○　４０字以上，６０字以内で書くこと。

○　１マス目から書き始めて，句読点や記号も文字数に数えること。

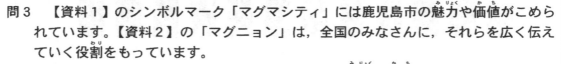

Ⅱ　玉美さんと龍太さんは，公民館に来ています。

玉美さんと龍太さんが来た公民館には【図１】のように学習室が２部屋あります。今，この公民館では，部屋ごとに人数を制限しており，【表１】はそれぞれの部屋の座《ざ》席数と人数の制限について示しています。下の問いに答えなさい。

【図１】公民館の配置図

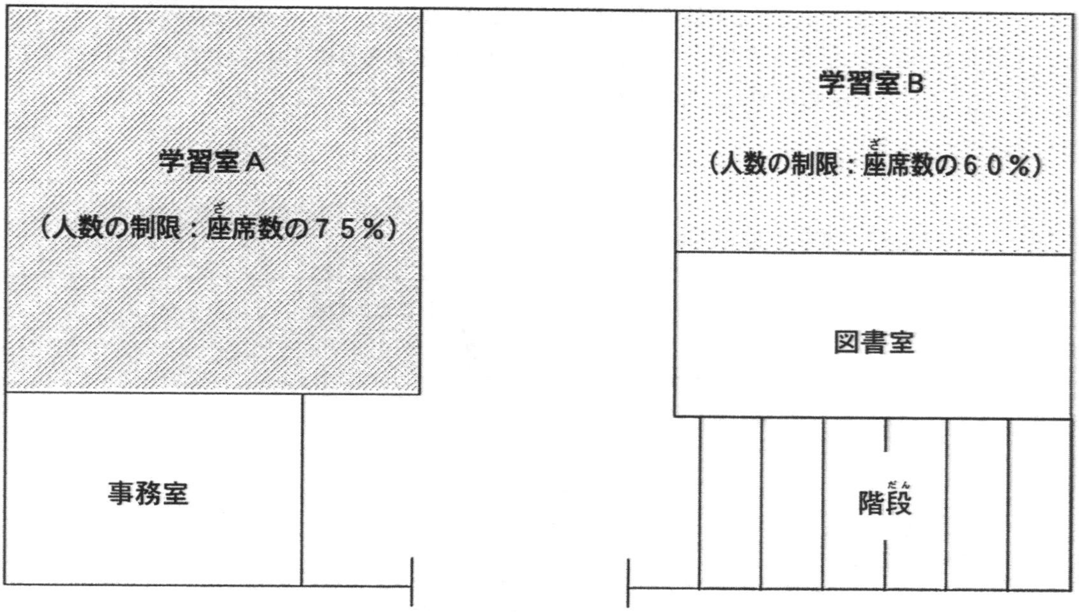

【表１】公民館の座《ざ》席数と人数の制限

	学習室Ａ	学習室Ｂ
座《ざ》席数	（　　ア　　）席	５５　席
人数の制限	座《ざ》席数の７５％	座《ざ》席数の６０％

問４　午前９時に公民館の職員が利用者数を調べたところ，学習室Ａは６４人，学習室Ｂは１３人で，学習室Ａの利用者が座《ざ》席数の８０％になっていました。人数の制限をこえてしまっているので，学習室Ａの利用者が座《ざ》席数の７５％になるように，学習室Ａにいる人たちに学習室Ｂへ何人か移動してもらうことにしました。

このとき，学習室Ｂへ何人移動してもらうとよいか答えなさい。また，【表１】の（　ア　）に入る学習室Ａの座《ざ》席数も答えなさい。

Ⅲ　玉美さんと龍太さんは，てこのはたらきを使って重さを量ろうとしています。

龍太：ここに長さが１ｍで重さが１００gの棒《ぼう》と，ひものついた重さが４００gのおもりと，ひものついた重さが１００g の皿があるから，てこのはたらきを使って重さを量る道具を作ってみよう。

玉美：ひもは，軽いから重さは考えなくていいよね。

龍太：そうだね。あと，この棒《ぼう》は，太さがどこも同じで重さにかたよりはないね。

玉美：それじゃあ，最初は支点の位置を棒《ぼう》の真ん中にしよう。

龍太：【図２】のように，皿を左端《はし》に付けると，皿は１００gでおもりは４００gだから，おもりを左端《はし》から(　①　) cm の場所につるすと棒《ぼう》は水平になるはずだね。

【図２】

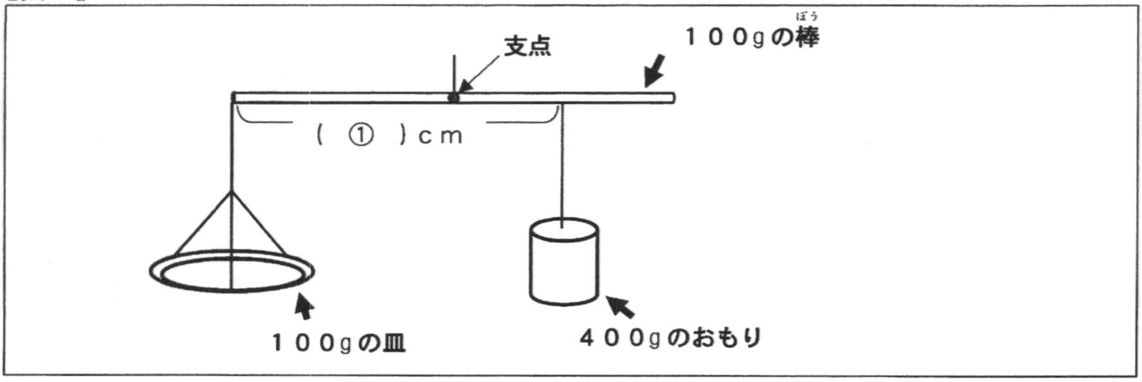

問５　棒《ぼう》は曲がらないものとして①に当てはまる数を答えなさい。

玉美：皿に何か物体をのせると，棒《ぼう》はかたむいてしまうね。

龍太：そうだね。だから，おもりを右にずらしていって，つりあったときのおもりの位置から，重さを求めることができるよ。

玉美：ということは，【図３】のように，おもりが右端《はし》に来たときが最も重いものを量れるね。

龍太：でもこれだと３００gまでしか量れないよ。

【図３】

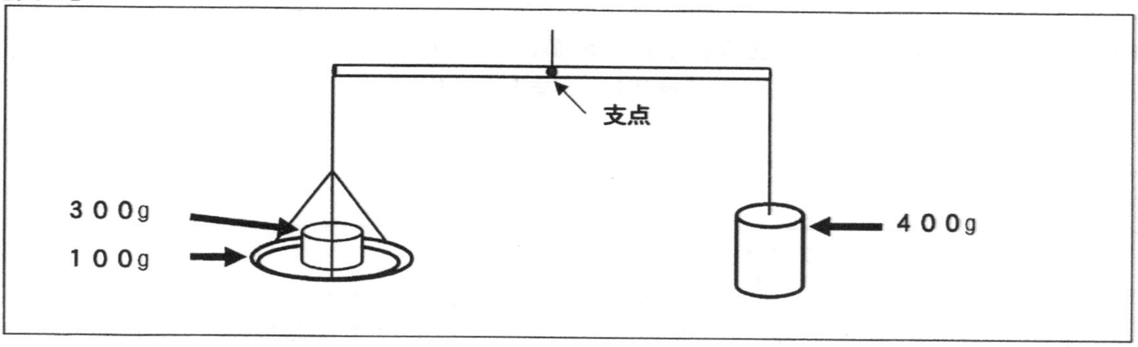

玉美：もっと重いものを量るためにはどうすればいいかな。

龍太：支点の位置を真ん中から変えれば重いものまで量れるかも。

玉美：皿をつける位置は左端《はし》にするとして，支点の位置をどこにすればいいのかな。

龍太：支点の位置を左に動かせばいいと思うから，とりあえず左端《はし》から２０cm の位置にしてみよう。

玉美：４００gのおもりを右端《はし》につるして，皿にのせる物体の重さが何gまで量れるか調べよう。

龍太：ほら，**【図４】**のように１６５０gまで量れるようになったよ。

【図４】

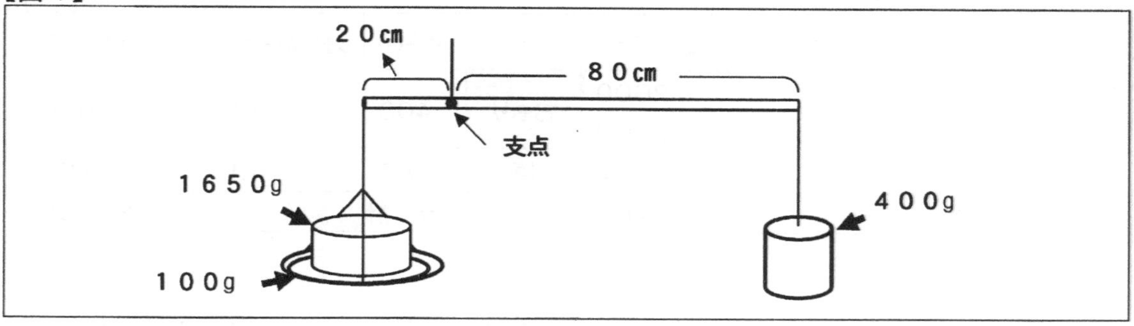

玉美：あれ，でもおかしいよ。
支点の右側のかたむけるはたらきは，４００×８０＝３２０００で，
支点の左側のかたむけるはたらきは，１６５０gと皿の重さ１００gをたして１７５０gだから，
１７５０×２０＝３５０００になるよ。
だから，計算では水平にならないはず。

龍太：本当だね。どうしてだろう。

玉美：もしかしたら，支点の位置がずれたから棒《ぼう》の重さも考えないといけないのかも。

龍太：それじゃあ，棒《ぼう》の重さを，【図５】のような位置におもりがあるとして，考えてみよう。

玉美：このときのかたむけるはたらきを【表２】に，まとめてみるね。

【図５】

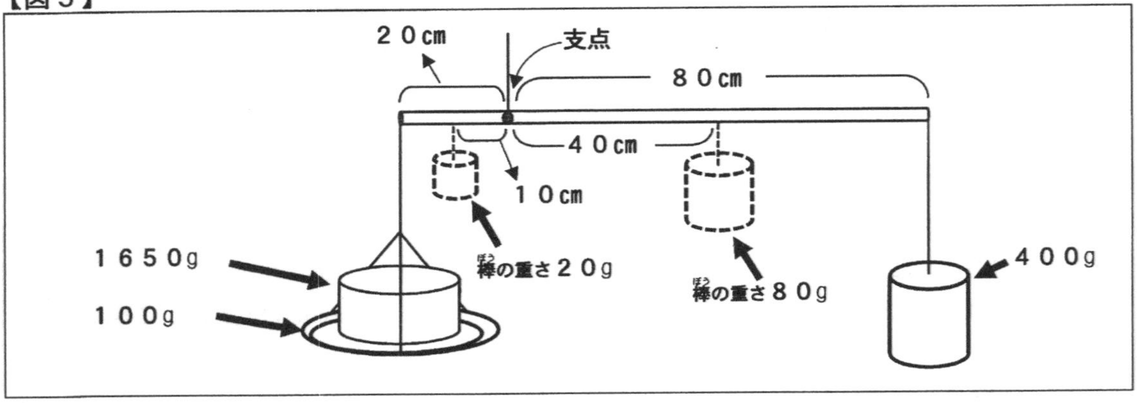

【表２】図５のかたむけるはたらき

支点より左側の様子				支点より右側の様子			
	重さ(g)	支点からの長さ(cm)	かたむけるはたらき		重さ(g)	支点からの長さ(cm)	かたむけるはたらき
皿	100	20	2000	おもり	400	80	32000
物体	1650	20	33000				
棒《ぼう》	20	10	200	棒《ぼう》	80	40	3200
合　計			35200	合　計			35200

龍太：やっぱり【表２】のように棒《ぼう》の重さを考えることで，左側にかたむけるはたらきの合計も，右側にかたむけるはたらきの合計も３５２００になったね。

玉美：水平になる理由がわかったね。

令和五年度　鹿児島市立鹿児島玉龍中学校　適性検査Ⅰ　解答用紙

問一

問二

30

40

問三

①

②

問四

小計一

小計二

小計三

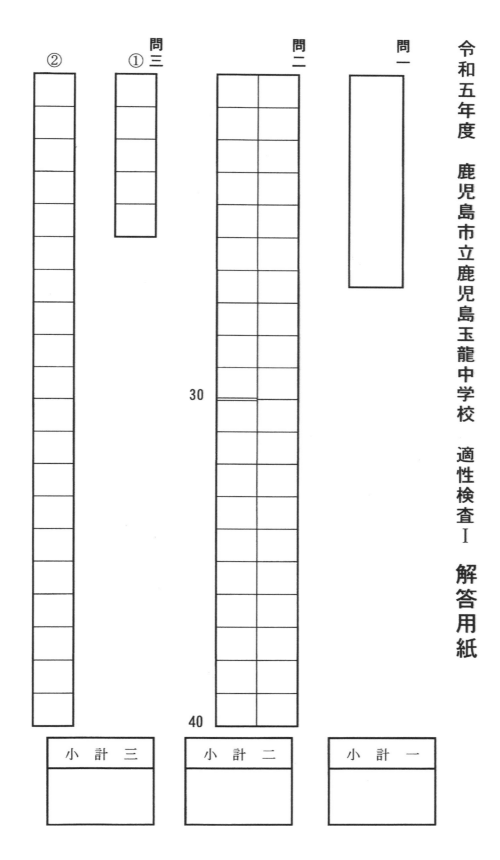

問5	① cm		
問6	② g		
問7	（ア）	（イ）	
	（ウ）	（エ）	
問8	（オ）		
問9	① 個	② 個	③ 個
問10	必ず勝つ方を○で囲む （ 先攻《せんこう》 ・ 後攻《こうこう》 ）		
	《理由》		

令和5年度　鹿児島市立鹿児島玉龍中学校　適性検査Ⅱ

解答用紙

（配点非公表）

受検番号	

問1	【資料３】			
	ア　・　イ			
	【資料４】			
	ア　・　イ			
	【資料５】			
	ア　・　イ			
問2		自助《じじょ》	共助《きょうじょ》	公助《こうじょ》
	【資料７】			
	【資料８】			
	【資料９】			
	【資料10】			
問3		(40)		(60)
問4	移動してもらう人数			人
	学習室Aの座《ざ》席数			席

受検番号

十行

八行

小計

合計

（配点非公表）

龍太：よし，ここに重さのわからない物体があるから，調べてみよう。
玉美：【図６】のように，おもりが支点から右に６５cm のところで棒《ぼう》が水平になったよ。

【図６】

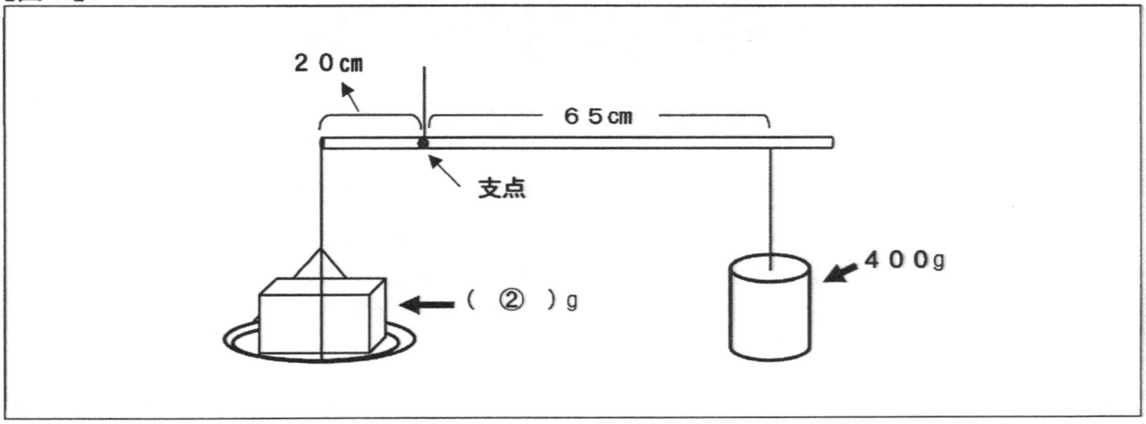

【表３】図６のかたむけるはたらき

支点より左側の様子				支点より右側の様子			
	重さ(g)	支点からの長さ(cm)	かたむけるはたらき		重さ(g)	支点からの長さ(cm)	かたむけるはたらき
皿				おもり			
物体	②						
棒《ぼう》				棒《ぼう》			
合　計				合　計			

２人は【表３】を利用して，物体の重さを計算してみました。

玉美：ちゃんと計算できたかな。
龍太：ぼくの計算では，この物体の重さは（　②　）gになったよ。
玉美：よかった。わたしの計算でも同じ重さになったよ。
龍太：それにしても，てこのはたらきを勉強できるおもしろい道具だったね。
玉美：そうだね。またほかの道具も作ってみたいね。

問６　棒《ぼう》は曲がらないものとして②に当てはまる数を答えなさい。

Ⅳ　玉美さんと龍太さんと先生が，会話をしています。

龍太：この前，父の知り合いからトウモロコシをもらったんだ。「ひげ」や実を包んでいる葉も付いていたから，いい機会だと思って絵をかいてみたんだ。

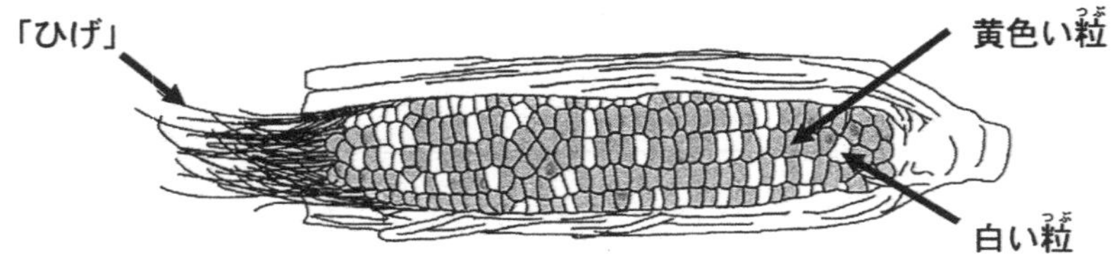

龍太さんがかいたトウモロコシの絵

玉美：よくかけているね。トウモロコシの「ひげ」はめしべだと聞いたことがあるよ。
先生：そうです。それぞれのめしべに花粉が付いて，１粒《つぶ》１粒《つぶ》の実ができるのです。
玉美：粒《つぶ》の色に黄色と白があるね。どうして色と数にちがいがあるのかな。
龍太：ぼくも，絵をかいているときに不思議に思ったんだ。どうしてだろう。

先生：トウモロコシの粒《つぶ》は「胚《はい》」と「胚乳《はいにゅう》」というものからできています。黄色や白は「胚乳《はいにゅう》」の色です。色と数にちがいがある理由を，黄 と 白 のカードを使って説明しましょう。２人ともこれらのカードを１まいずつ持ってください。そして，カードを見ずに，どちらか１まいだけを出してみてください。出したおたがいのカードで，どのような組み合わせができたか確認してみましょう。

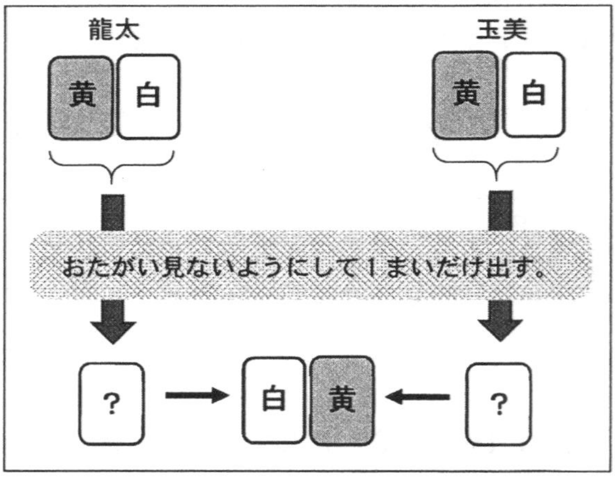

龍太：白 黄 の組み合わせができました。
先生：では，それぞれが出したカードを自分のところにもどして，また１まいだけカードを出し合うということをくり返してみてください。そして，どのようなカードの組み合わせができたか記録してみましょう。
玉美：カードを出すときは，カードを見ずに１まいだけ出すのですね。
先生：はい。出すカードは偶然《ぐうぜん》に決まるようにすることが大切です。また，カードの組み合わせのうち，

白 黄 と 黄 白 は同じ結果として数えます。

【表４】２人がカードを出し合う実験を３回くり返した結果

出し合ってできたカードの組み合わせ	黄 黄	黄 白	白 白
出た回数	１回	１回	１回

龍太：それぞれの組み合わせが１回ずつ出たね。

玉美：これで実験の結果としていいのかな。

先生：いいえ。この実験はできるだけ多くの回数を行ってみる必要があります。
　そうするとわかってくることがあるのです。

問７　次の文は，下線部の「わかってくること」について述べたものです。（ア）～（ウ）に当てはまるカードの組み合わせを下の①～③から選びなさい。また，（エ）には，当てはまる数を答えなさい。

> 実験を多くの回数くり返すと，（ア）と（イ）が出る回数は同じ数に近くなり，（ウ）が出る回数は（ア）または（イ）が出る回数の（エ）倍に近くなっていく。

①　黄 黄　　②　黄 白　　③　白 白

龍太：この実験を多くの回数くり返した結果と，トウモロコシの粒《つぶ》の色とどのような関係があるのかな。

玉美：もしかして，黄 や 白 のカードで表されるものが粒《つぶ》の色を決めているのかな。

先生：そうです。カードは「遺伝子《いでんし》」とよばれるものを表しています。生き物のいろいろな性質は，「遺伝子《いでんし》」によって決まるのです。トウモロコシの粒《つぶ》の色については，本当はもっと複雑なのですが，簡《かん》単に説明すると，花粉から 黄 の遺伝子《いでんし》をもらい，めしべ側からは 黄 の遺伝子《いでんし》をもらって 黄 黄 の組み合わせになった「胚《はい》」をもつ粒《つぶ》の「胚乳《はいにゅう》」は黄色になります。同じようなしくみで， 白 白 の組み合わせでは白になります。

玉美：では， 黄 白 はどうなるのですか。

先生：黄 の方が現れる力が強いため，「胚乳《はいにゅう》」は黄色になります。

先生：龍太さんの絵から予想すると，龍太さんがもらったトウモロコシは，黄 白 の「遺伝子《いでんし》」をもつトウモロコシの花粉を，黄 白 の「遺伝子《いでんし》」をもつトウモロコシのめしべに受粉させてできたものだったと考えられます。そのため，黄色い粒《つぶ》と白い粒《つぶ》があったのです。

玉美：ということは，さっき先生がおっしゃった「**<u>わかってくること</u>**」のとおりになるとき，龍太さんが食べたトウモロコシの粒《つぶ》が，もし１８０個だったとしたら，黄色い粒《つぶ》と白い粒《つぶ》の数はだいたい （オ） に近くなるということですか。

先生：その通りですね。

龍太：なぜ，２つあるカードのうち１まいだけを出し合ったのですか。

玉美：「胚《はい》」と「胚乳《はいにゅう》」のことについてもくわしく知りたいな。

先生：カードを１まいだけ出し合う理由については，中学校で学習します。「胚《はい》」と「胚乳《はいにゅう》」については，このあと調べてみてはどうでしょうか。

龍太：中学校での学習が楽しみです。

玉美：龍太さん，さっそく「胚《はい》」と「胚乳《はいにゅう》」について調べてみましょう。

問８ （オ） に当てはまるものを，次の①～⑦から１つ選び，記号で答えなさい。

① 黄色い粒《つぶ》が１６０個，白い粒《つぶ》が　２０個
② 黄色い粒《つぶ》が１３５個，白い粒《つぶ》が　４５個
③ 黄色い粒《つぶ》が１２０個，白い粒《つぶ》が　６０個
④ 黄色い粒《つぶ》が　９０個，白い粒《つぶ》が　９０個
⑤ 黄色い粒《つぶ》が　６０個，白い粒《つぶ》が１２０個
⑥ 黄色い粒《つぶ》が　４５個，白い粒《つぶ》が１３５個
⑦ 黄色い粒《つぶ》が　２０個，白い粒《つぶ》が１６０個

このページには，問題はありません。

Ⅴ　玉美さんと龍太さんが，教室で会話をしています。

玉美：同じ正三角形４まいを使って【図７】のような図形を作ったよ。
龍太：もとの正三角形より，ひと回り大きな正三角形になったね。
玉美：この図形には全部で５個の正三角形がかくれていることになるよね。
龍太：正三角形の数をもっと増やすとどうなるのかな。

【図７】

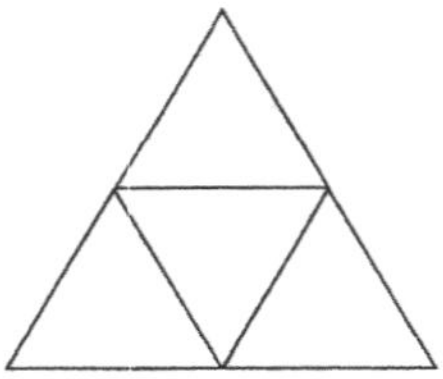

２人は正三角形を組み合わせて【図８】の図形を作りました。

【図８】

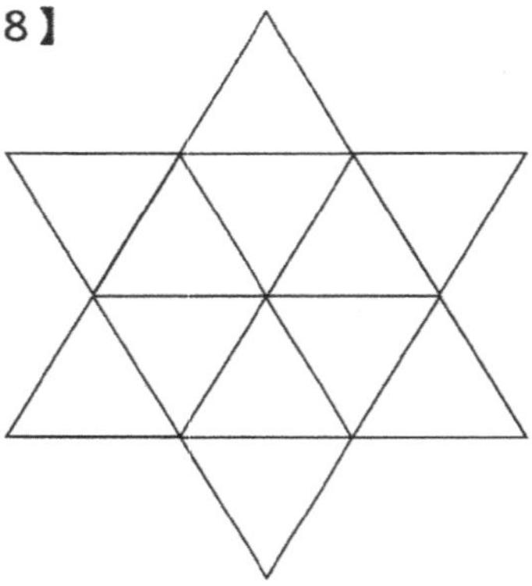

玉美：龍太さん，この図形をよく見たら正三角形以外にもいろいろな図形がかくれているよ。
龍太：本当だ。ひし形や平行四辺形が見えるね。
玉美：ひし形や平行四辺形は何個かくれているんだろうね。
龍太：それじゃあ，数えてみよう。

問９　【図８】の図形の中にかくれているすべてのひし形や平行四辺形の個数を考えるとき，次のそれぞれの個数を答えなさい。

①　もとの正三角形を２まい使ってできるひし形の個数
②　もとの正三角形を４まい使ってできる平行四辺形の個数
③　もとの正三角形を８まい使ってできるひし形の個数

龍太：そういえばこの前，友達が教室でゲームをしていたよ。

玉美：どんなゲームだったの。

龍太：たしか，こんな**＜ルール①＞**だったよ。

＜ルール①＞

- **何まいかのカードがあって，先攻《せんこう》，後攻《こうこう》の順にカードを取っていく。**
- **1回に取れるカードのまい数は，1まいか，2まいで，何も取らないということはできない。**
- **最後にカードを取ることになった人が負け。取らせた人が勝ち。**

玉美：おもしろそうなゲームだね。ちょうど【図７】の図形をはさみで切って，４まいの正三角形を作ったから，龍太さん，わたしと勝負してみない。

龍太：でも，４まいでやると後攻《こうこう》の人が必ず勝つことができるよ。

玉美：どうして。

龍太：先攻《せんこう》の人がもし１まい取った場合は，後攻《こうこう》の人が２まい取れば，残り１まいになるし，先攻《せんこう》の人が逆に２まい取った場合は，後攻《こうこう》の人も逆に１まいだけ取れば，必ず１まいだけ残ることになるからどちらの場合でも絶対に後攻《こうこう》の人の勝ちになるよ。

玉美：本当だね。正三角形のまい数が少ないからかな。まい数が多いときはどうなるのかな。
龍太さん，このゲームのルールを少し変えて，次の**＜ルール②＞**でやった場合はどうなるのかな。

＜ルール②＞

- **何まいかのカードがあって，先攻《せんこう》，後攻《こうこう》の順にカードを取っていく。**
- **1回に取れるカードのまい数は，1まいか，2まいか，3まいで，何も取らないということはできない。**
- **最後にカードを取ることになった人が負け。取らせた人が勝ち。**

龍太：３まい取ってもいいルールに変わったんだね。おもしろそうだね。やってみよう。

問１０　玉美さんは【図８】の図形をはさみで切って，１２まいの正三角形を作りました。＜ルール②＞でゲームを行う場合，必ず勝つことができるのは先攻《せんこう》，後攻《こうこう》のどちらの人であるか答えなさい。また，その理由を説明しなさい。

（次は問四の下書きとして使ってもよい。解答は、必ず解答用紙に書くこと）

下書き

八行

十行

このページには問題はありません。

このページには問題はありません。

令和四年度　鹿児島市立鹿児島玉龍中学校

適性検査Ⅰ

（時間四十五分）

《注意事項《じこう》》

一　「はじめ」の合図があるまで、この問題用紙を開いてはいけません。

二　指示があってから、問題用紙と解答用紙の決められた欄《らん》に受検番号を受検票のとおり記入しなさい。

三　解答はすべて、解答用紙の決められた場所に記入しなさい。

四　問題を声に出して読んではいけません。

五　印刷がはっきりしなかったり、問題用紙や解答用紙が足りなかったりする場合は、だまって手をあげなさい。

六　「やめ」の合図で、すぐに鉛《えん》筆を置き、問題用紙と解答用紙の受検番号を書いてある面を上にし、解答用紙は広げて机《つくえ》の上に置きなさい。

受検番号	

鹿児島玉龍中学校一年生の玉美《たまみ》さんと龍太《りゅうた》さんが話をしています。

龍太　玉美さん、二〇二一年はなんといっても「東京オリンピック・パラリンピック」の年だったね。

玉美　そうだったね。世界各国の選手の活躍《かつやく》する姿《すがた》が、今でも目に焼きついているよ。

龍太　特にパラリンピックで、すばらしい活躍を見せた選手のみなさんの姿《すがた》が印象的だったな。

玉美　そうだね。わたしは以前読んだ松森果林《まつもりかりん》さんの本を思い出したよ。

【玉美さんが読んだ本の一部】　※問題文の都合上、一部省略しています。

「①私《わたし》の強みは、聞こえないことです」

自己紹介《じこしょうかい》をするとき、一番最初に話す言葉です。たいていの人は驚《おどろ》かれます。

なぜでしょうか？

多くの人が「聞こえない」ことは、ハンディ[注1]であり、マイナス要素ととらえているからです。「聞こえないこと」イコールできないことがたくさんある、と想像してしまうのかもしれません。

たとえば相手の話が聞こえない、音楽が聞こえない、電話で話ができない、など。それなのに「聞こえないことが強み」って……、どういうことなの？と思われるのでしょう。

ではもう少し丁寧《ていねい》に私《わたし》のチャームポイントを表現してみます。

「聞こえる世界と聞こえない世界、両方を知っていることが強みです」

おわかりいただけたでしょうか。人は相反《あいはん》[注2]する二つの世界を知ると、比較《ひかく》[注3]をすることができます。

（　中略　）聞こえていたときには普通《ふつう》に使っていた掃除機《そうじき》ですが、聞こえないとスイッチを入れ忘《わす》れても、また、コンセントが抜《ぬ》けていても気が付かなかったりします。換気扇《かんきせん》もデザインによってはつけっ放しにしたまま忘《わす》れてしまうこともあるでしょう。こうした不便さは、聞こえていたときには気付かなかったことでした。

聞こえる世界と聞こえない世界の両方を体験したからこそわかることなのです。こうした実体験をもとにして、企業《きぎょう》の商品開発者や研究者にアドバイスをしたり、アイデアを提案したりします。

人は体験していないことについては、想像力を駆使《くし》[注4]するしかありません。それだけに実体験から得た感覚や知恵《ちえ》は、立派《りっぱ》な知見[注5]になります。それは強みでもあります。

ユニバーサルデザインのコンサルタント[注6]として、私《わたし》はこれまで、掃除機《そうじき》や、ファックス、ケータイ、スマホ、洗濯機《せんたくき》、換気扇《かんきせん》といった生活にかかわる商品、また、公共施設《しせつ》や企業《きぎょう》で聞こえない人への対応方法などの人的サービスについても、提案やアドバイスを行なってきました。しかし単に自分の体験から言うだけでは、コンサルタントは務まりません。どうしても狭《せま》い意見になりがちだからです。ユニバーサルデザインの専門家《せんもんか》として意見を言えるように、商品開発者や研究者たちを納得《なっとく》させる②客観性を持つために、私《わたし》もまた日々、研鑽《けんさん》[注7]を積んでいます。

個人的な体験に加え、共用品ネット[注8]での個性豊かな人たちとの交流や意見交換《こうかん》、学習会や講演などできたえたプレゼン力[注9]や講演会に来てくれた方々との交流、そういった一つ一つがコンサルタントの仕事をより充実《じゅうじつ》したものにしてくれていると思います。

（松森果林《まつもりかりん》『音のない世界と音のある世界をつなぐ　ユニバーサルデザインで世界をかえたい！』岩波ジュニア新書による）

注　1　ハンディ＝不利な条件。　2　相反《あいはん》する＝互《たが》いに反対になる。　3　比較《ひかく》＝二つ以上のものを比べること。

4　駆使《くし》する＝思いのままに使いこなす。　5　知見＝知識やすぐれた考え。

6　コンサルタント＝会社の経営のしかたなどについてアドバイスをする専門家《せんもんか》。

7　研鑽《けんさん》＝学問、芸術などを深くきわめるよう努力すること。

8　共用品ネット＝ユニバーサルデザインにかかわるネットワーク。

9　プレゼン力＝プレゼンテーション力（紹介《しょうかい》や表現をする力）の略。

太　松森さんにとって、聞こえないことは大きな強みになっているんだね。

問一　―線部①「私《わたし》の強みは、聞こえないことです」とありますが、松森さんが聞こえないことを強みと考えるのはなぜですか。［ア］は松森さんの文章からぬき出し、［イ］は、松森さんの文章中の言葉を使って十字程度の表現を考えて書きなさい。

新たに［ア］世界を体験することによって、それまで［イ］がわかり、それを実体験として、ユニバーサルデザインのアイデアやアドバイスに生かすことができるから。

美　松森さんは、客観性を持つことの大切さについて話しているけど、自分の考えだけではなく、他の人の立場になって考えることが大切だということだよね。

太　ぼくは、自分が好きかどうかでものごとを決めてしまうことがあるから気を付けないといけないね。

問二　―線部②「客観性を持つために、私《わたし》もまた日々、研鑽《けんさん》を積んでいます」とありますが、その研鑽《けんさん》を通して、松森さんはどのような態度でコンサルタントの仕事に取り組んでいますか。適当なものを次のア〜オの中から二つ選び、記号で答えなさい。

ア　聞こえなくなってからの自分自身の実体験だけを生かしたアイデアを提案するようにしている。

イ　個人的な体験だけでなく、たくさんの人たちの体験をもとにしたアドバイスをするようにしている。

ウ　すべてのことを実際に体験したうえで、自分がこまったと感じたことを伝えるようにしている。

エ　商品開発者の考えをたくさんの人たちに理解してもらえるように工夫して説明するようにしている。

オ　たくさんの人たちとの交流や意見交換《こうかん》を行い、より広い視点《してん》からの意見を言うようにしている。

太　体験するって、やっぱり大事なんだね。

美　そういえば、わたしも小学校六年生のときに学校の活動を通して考えが変わったことがあったよ。

問三　体験によってあなた自身の考えが変わった経験について、次の⑴・⑵の問いに答えなさい。

⑴　どのような体験をしたか具体的に書きなさい。

⑵　⑴で答えた体験を通して、どのように考えが変わったか、四十字以上、六十字以内で書きなさい。（解答欄《らん》の一マス目から書き始め、句読点や記号も字数に数えなさい。）

次は問三⑵の下書き欄《らん》として使用してもよい。解答は必ず解答用紙に書くこと。）

下書き

（問題は、次のページに続きます。）

龍太　松森さんのように社会に役立つことが、ぼくたちにもできないだろうか。
玉美　最近よく見聞きする「SDGs（エスディージーズ）」が、そのヒントをくれるかもしれ
ないよね。
龍太　ぼくも聞いたことがあるよ。「持続可能な開発目標」のことだね。
玉美　そうそう。わたしたちのくらしや地球を守り、豊かで幸せな未来をつくるために、世界の
国や地域《ちいき》が協力していろいろな問題を解決していくことだよね。
龍太　十七の目標があるけど、次の五つの目標には、ぼくにもできることがありそうだよ。

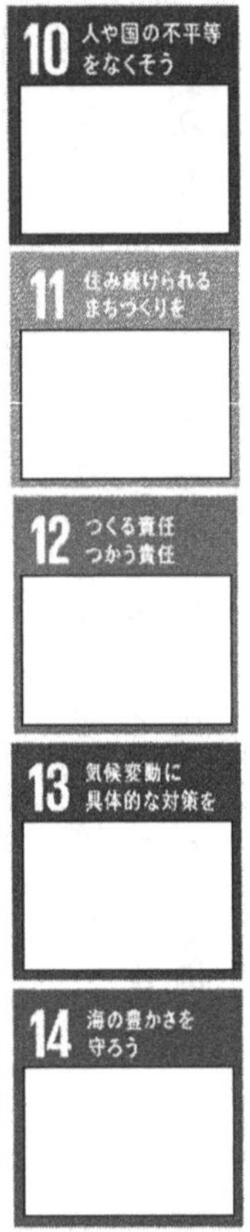

10　人や国の不平等をなくそう
11　住み続けられるまちづくりを
12　つくる責任つかう責任
13　気候変動に具体的な対策《たいさく》を
14　海の豊かさを守ろう

問四　右にある「SDGs」の五つの目標のなかで、あなたが生活の中で心がけて取り組みたいと考える目標を一つ選んで解答欄《らん》に番号を記入し、具体的な取組について次の条件にしたがって書きなさい。

〈条件〉
1　二段落構成とし、一段落目には、生活の中で感じている課題を書きなさい。また、二段落目には、その課題を解決するために自分が取り組みたいことを具体的に書きなさい。
2　題名と氏名は書かずに、原稿《こう》用紙の使い方にしたがって、八行以上、十行以内で書きなさい。

（次は問四の下書き欄《らん》として使用してもよい。解答は必ず解答用紙に書くこと。）

下書き

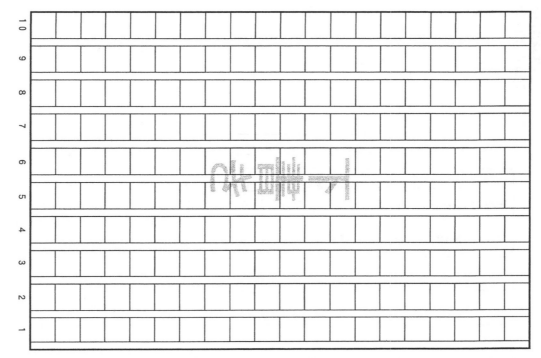

令和４年度

鹿児島市立鹿児島玉龍中学校

適性検査Ⅱ

（時間４５分）

《注意事項《じこう》》

1　「はじめ」の合図があるまで，この問題用紙を開いてはいけません。

2　指示があってから，問題用紙と解答用紙の決められた欄《らん》に受検番号を受検票のとおり記入しなさい。

3　解答はすべて，解答用紙の決められた場所に記入しなさい。

4　問題を声に出して読んではいけません。

5　印刷がはっきりしなかったり，問題用紙や解答用紙が足りなかったりする場合は，だまって手をあげなさい。

6　「やめ」の合図で，すぐに鉛《えん》筆を置き，問題用紙と解答用紙の受検番号を書いてある面を上にし，解答用紙は広げて机《つくえ》の上に置きなさい。

受検番号	

Ⅰ　玉美《たまみ》さんと龍太《りゅうた》さんは，城山町の御楼門《ごろうもん》の前に来ています。

御楼門《ごろうもん》（「鹿児島市観光ナビ」ホームページより引用）

龍太：立派《りっぱ》な門だね，大きいな。

玉美：明治６年に火事で失われたものを復元して令和２年に完成した，日本最大級の城門《じょうもん》らしいよ。

龍太：高さはどのくらいなんだろうね。測れないかな。

玉美：直接測ることはできないけど，大まかに求める方法ならいくつかあるよ。今は晴れているから，影《かげ》の長さを使うことができそうだね。ここに２つの巻《ま》き尺《じゃく》があるから，御楼門《ごろうもん》の影《かげ》の長さとわたしの影《かげ》の長さを測って比べてみましょう。まずは，わたしの足もとから，頭の影《かげ》の端《はし》までの長さを測ってみてよ。

龍太：できたよ。玉美さんの影《かげ》の長さは１０５ｃｍだったよ。

玉美：ありがとう。今，わたしの影《かげ》を測った巻《ま》き尺《じゃく》は，そのまま，のばしたままにしておいてね。

龍太：どうして片《かた》付けないの？

玉美：わたしの影《かげ》を測るためにのばして置いてある巻《ま》き尺《じゃく》と，今から御楼門《ごろうもん》の影《かげ》の長さを測るためにのばす巻《ま》き尺《じゃく》が　①　になるように測らないといけないからよ。

龍太：そうか。さっそく御楼門《ごろうもん》の影《かげ》をその点に注意しながら測ってみるよ。

問１　　①　　に入る適切な言葉を答えなさい。

問２　御楼門《ごろうもん》の高さを計算により求めるためには，会話文の中に出てくる影《かげ》の長さだけでは情報が足りません。必要な情報は何ですか。ア～エの中から１つ選んで記号で答えなさい。

ア　玉美さんの身長　１５０ｃｍ
イ　龍太さんの身長　１６０ｃｍ
ウ　御楼門《ごろうもん》の真下から玉美さんが立っている位置までの長さ　１５ｍ
エ　御楼門《ごろうもん》の真下から龍太さんが立っている位置までの長さ　１６ｍ

Ⅱ　玉美さんと龍太さんは，世界自然遺《い》産について，次のような会話をしています。

玉美：昨年，鹿児島県で話題になったうれしいニュースは何が思い出せる？

龍太：昨年の夏に鹿児島県で新しく世界自然遺《い》産に登録されたところがあったね。

玉美：あったね。たしか，沖縄本島北部及び西表島《いりおもてじま》も含《ふく》めたものだったね。

龍太：うん。鹿児島県には，これで世界自然遺《い》産に登録された島が３島になったってことだね。

玉美：とても誇《ほこ》らしいし，うれしいことだね。わたしもいつか行ってみたいな。

問３　下の【登録されている島の特色】の(1)～(3)にあてはまる，世界自然遺《い》産に登録されている鹿児島県の島の名前をそれぞれ答えなさい。（ひらがなでもよい。）また，その島の位置を右の【資料１】のア～クからそれぞれ選び，記号で答えなさい。

【登録されている島の特色】

(1)　この島には，九州で最も高い山があり，様々な気候で育つ植物をみることができる。樹齢《じゅれい》１０００年をこえる杉《すぎ》などが有名である。

(2)　この島には，日本の島で２番目に大きいマングローブ原生林《げんせいりん》がある。また，島の特産品としておよそ１３００年の歴史をもつ，きぬ織物が有名である。

(3)　この島は，正月などに闘牛《とうぎゅう》が行われている。農業が産業の中心で，さとうきび畑などがみられる。また，この島と(2)の島にしかいないめずらしい動物が生息《せいそく》している。

【資料１】

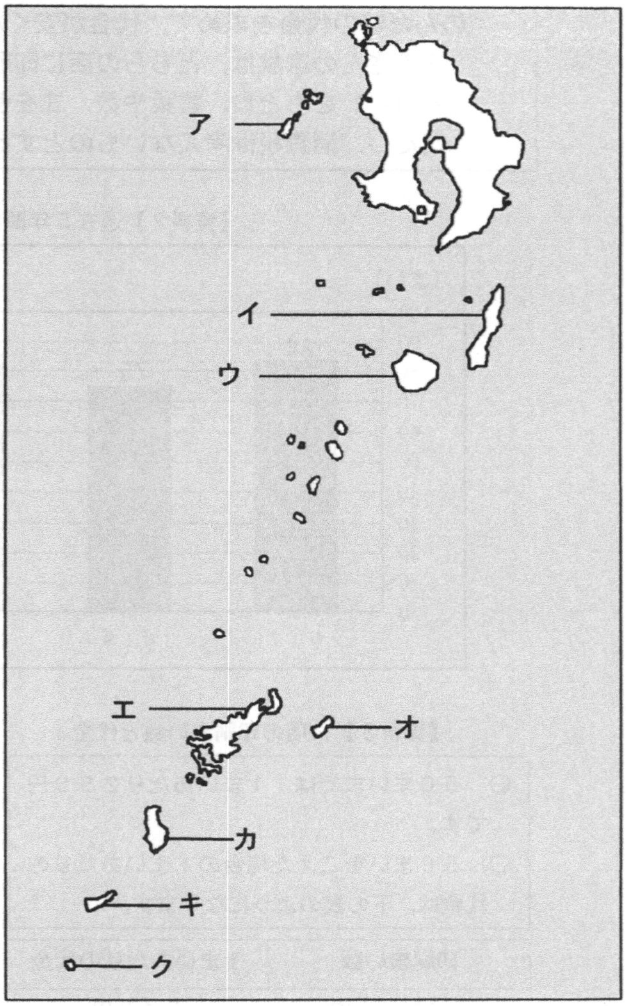

※世界遺《い》産…世界遺《い》産条約にもとづいて登録された遺跡《いせき》や自然などのことで、自然遺《い》産，文化遺《い》産，それらの両方の複合遺《い》産の３つに分けられます。

Ⅲ　**玉美さんと龍太さんは教室で会話をしています。**

玉美：龍太さん，年賀状ありがとう。

龍太：こちらこそ。玉美さんからの年賀状もちゃんと届《とど》いていたよ。今年も送ってくれてありがとう。

玉美：龍太さんの家族はどれくらい年賀状を送っているの。

龍太：毎年だいたい１００まいくらいかな。印刷が大変なんだよね。

玉美：そうなんだね。わたしの家族は毎年，年賀状の印刷をお店にたのんでいるよ。

龍太：それはいいね。

問４　玉美さんの家族が２０２２年の年賀状を印刷するまい数は，過去５年間に送った年賀状の平均のまい数とすることにしました。また，Ａ店とＢ店それぞれの店にたのんだ時の代金を求めて，代金が安くなった店の方に印刷をたのみました。

玉美さんの家族は，どちらの店に印刷をたのんだでしょうか。次の【資料２】から【資料４】をもとに，言葉や数，式を使って説明しなさい。

ただし，消費税は考えないものとする。

【資料２】過去５年間に送った年賀状のまい数

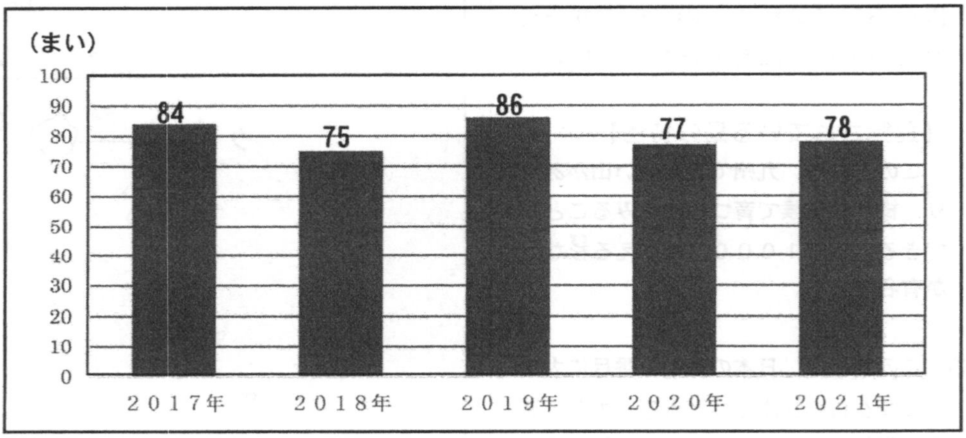

【資料３】Ａ店の印刷まい数と代金

○　５０まいまでは，１まいあたり２５０円です。

○　５０まいをこえた場合の１まいあたりの代金は，下の表のようになります。

印刷まい数	１まいあたりの代金
１０まい以内	２４０円
２０まい以内	２３０円
３０まい以内	２２０円
４０まい以内	２１０円
５０まい以内	２００円

【資料４】Ｂ店の印刷まい数と代金

○　５０まいまでは，どれだけ印刷しても１０，０００円です。

○　５０まいをこえた場合は，１０まいごとの注文となります。代金は１０まいごとに３，０００円です。

このページには，問題はありません。

Ⅳ　玉美さんと龍太さんは，昨夜と明け方に見た星と月の話をしています。

龍太：寒くなったから，昨夜は星がきれいに見えたね。

玉美：そうね。星もだけど，月もきれいに見えるよ。

龍太：地球から見る月は毎日，姿《すがた》を変えるよね。

玉美：それは先生がくれた，この**【資料５】**を見ると月が姿《すがた》を変える仕組みがよくわかると思うよ。

龍太：それじゃあ，月が**e**の位置にあるとき，見える月の形は（　①　）だね。

玉美：そうよ。そして，この図では地球は反時計回りに回っていて，**㋐ が日ぼつ直後**で，**㋑ が日の出直後**だよ。

龍太：そうなんだ。そう言えば，今朝の日の出直後は，きれいな半月を見ることができたから，月の位置は（　②　）の場所だと考えられるね。

玉美：将来《しょうらい》は月から地球を見てみたいね。

龍太：そうだね。でも，月の位置が（　③　）の場所にあるときに行っても，青い地球は見られないけどね。

【資料５】

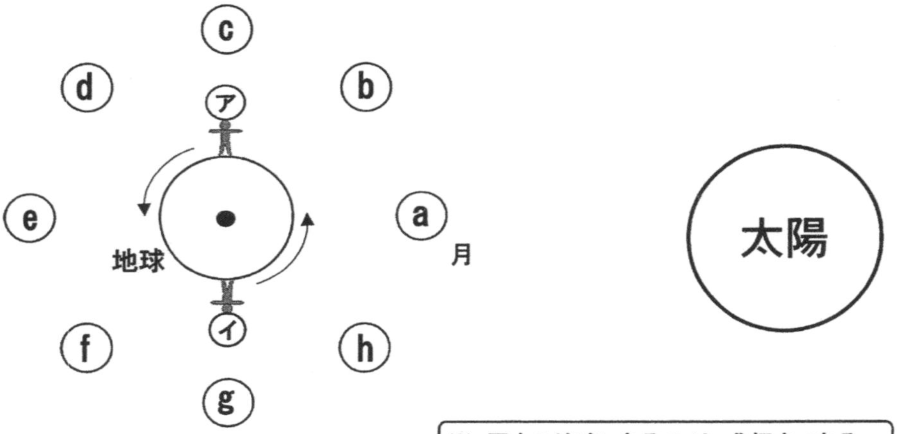

※　図中の地球にある●は，北極点である。

問５　①に当てはまる月の形（見えている月の部分）を，線で囲みなさい。
なお左側を東の方角，右側を西の方角とする。

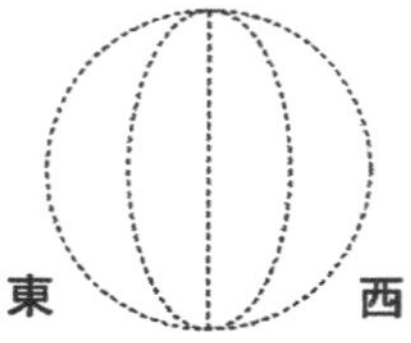

問６　②に当てはまる記号を図の a ～ h の中から選んで書きなさい。

問７　③に当てはまる記号を図の a ～ h の中から選んで書きなさい。

令和四年度　鹿児島市立鹿児島玉龍中学校　適性検査Ⅰ　解答用紙

問一

ア

イ

10

問二

問三

(1)

(2)

40

60

問四

小計一

小計二

小計三

問四

(1)

(2)

問三

問二

イ

ア

問一

<table>
<tr><td>問6</td><td colspan="2"></td></tr>
<tr><td>問7</td><td colspan="2"></td></tr>
<tr><td>問8</td><td>(ア)</td><td>(イ)</td></tr>
<tr><td rowspan="2">問9</td><td colspan="2">最も多いとき　　　　　　　　　　　個</td></tr>
<tr><td colspan="2">最も少ないとき　　　　　　　　　　個</td></tr>
<tr><td>問10</td><td colspan="2">【図２】
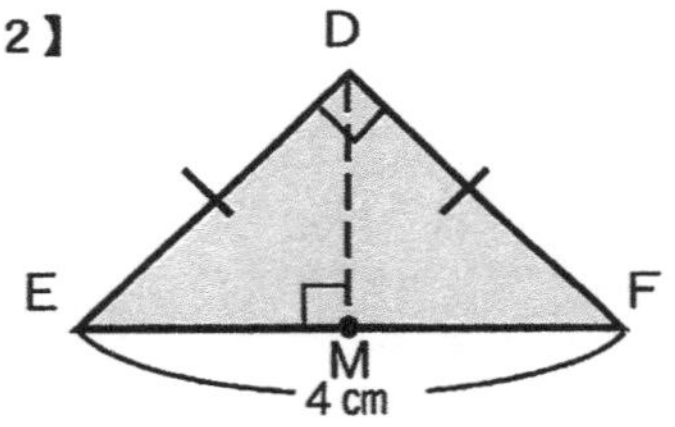

【図３】
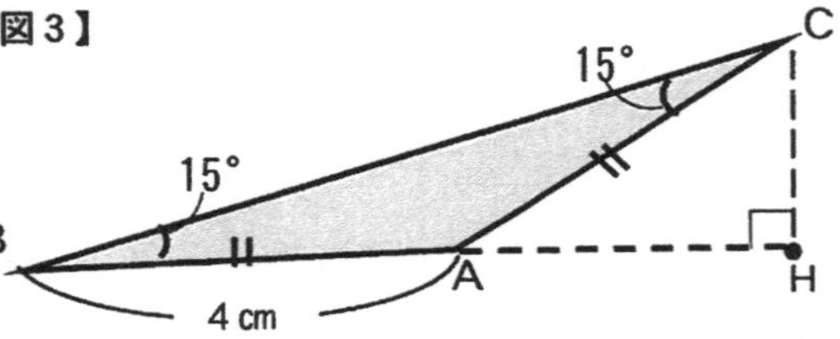
</td></tr>
</table>

令和4年度　鹿児島市立鹿児島玉龍中学校　適性検査Ⅱ

解答用紙

（配点非公表）

受検番号

問1		
問2		
問3	(1)名前	記号
	(2)名前	記号
	(3)名前	記号
問4		
問5	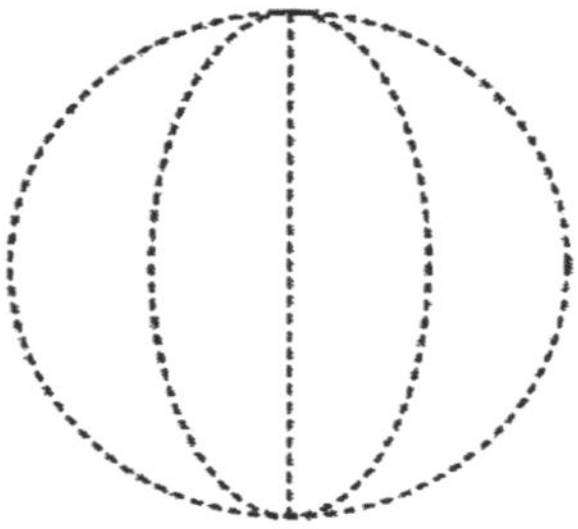 東　西	

受検番号

10 9 8 7 6 5 4 3 2 1

合計

小計四

（配点非公表）

このページには，問題はありません。

V　玉美さんと龍太さんが会話をしています。

玉美：この前，飯ごうでご飯を炊《た》いて食べたよ。とてもおいしかったんだけど，たき火を見ながら，なぜ木は燃えるのか不思議に思ったんだ。

龍太：木が燃えるときは，空気中の酸素の一部が使われて，二酸化炭素ができるって理科の授業で学んだよね。

玉美：そうね。燃える理由を先生に聞いたら，「まずは，この資料にかいてある図形を使って，物と物が結び付くきまりを説明しましょう。」とおっしゃって，【資料６】を見せてくださったんだ。

【資料６】

下のような３種類の図形があります。それぞれの図形から出ている  を「棒《ぼう》」と呼《よ》ぶことにします。それぞれの図形の「棒《ぼう》」の数を増やしたり減らしたりすることはできません。

図形１：「棒《ぼう》」を４本もつ

図形２：「棒《ぼう》」を２本もつ

図形３：「棒《ぼう》」を１本もつ

「棒《ぼう》」と「棒《ぼう》」が結び付いたら，それぞれの「棒《ぼう》」の黒い点は１つにまとまります。

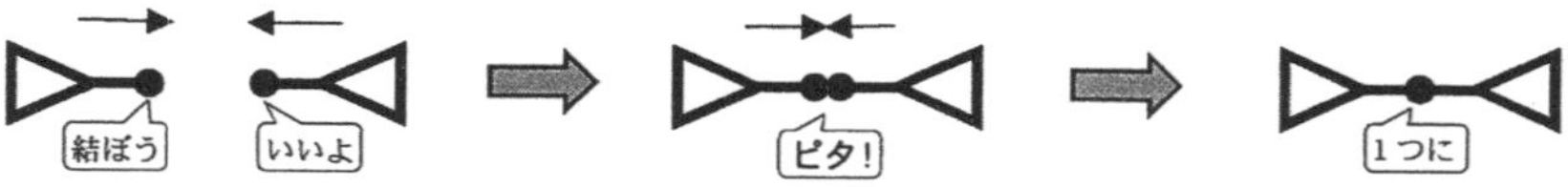

また，「棒《ぼう》」同士が結び付く場合は，次の きまり① ～ きまり③ を守らなければなりません。

きまり①　一つの「棒《ぼう》」に結び付く「棒《ぼう》」は一つだけです。

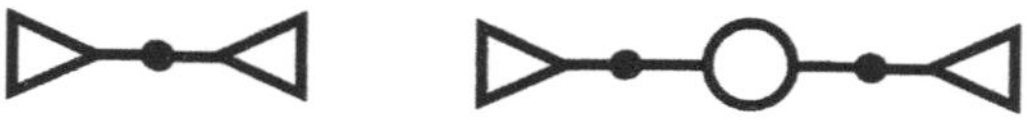

一つの「棒《ぼう》」に結び付く「棒《ぼう》」は一つだけですので，右の図のような結び付き方はしません。

×まちがい例

きまり②　それぞれの図形から出ている「棒《ぼう》」の位置や向きを動かして，図形同士の「棒《ぼう》」を結び付けることができます。また，結び付けるときに「棒《ぼう》」の長さを伸《の》び縮《ちぢ》みさせたり，図形を回転させたりすることもできます。

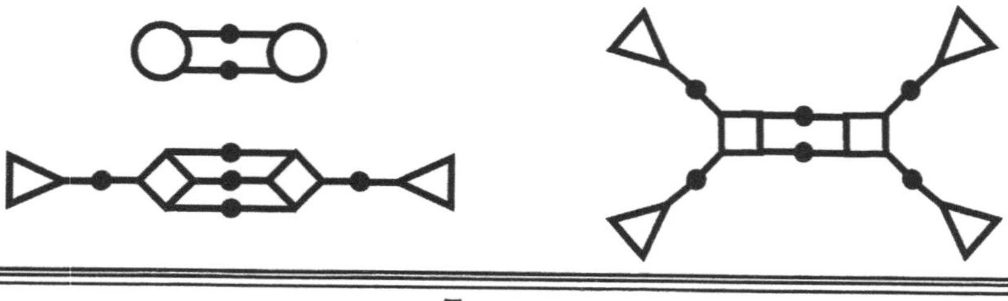

きまり③　図形同士が結び付いたとき，どの「棒《ぼう》」とも結び付いていない「棒《ぼう》」が残ることはありません。また，一つの図形の中で「棒《ぼう》」同士が結び付くことはありません。

×まちがい例

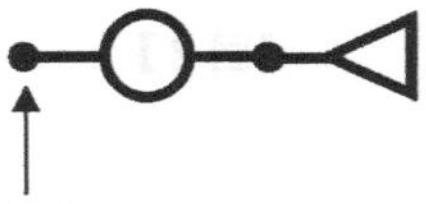

結び付いていない「棒《ぼう》」が残っている。

×まちがい例

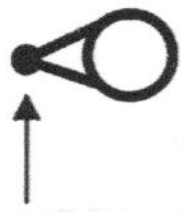

一つの図形の中で「棒《ぼう》」同士が結び付いている。

玉美：この資料を見せながら，先生は「物と物が結び付くときは，いろいろなきまりがあるのです。木が燃えるときは，これらのきまりにしたがって木の成分と酸素が結び付き，二酸化炭素などができるのです。」と教えてくださったよ。

龍太：そうだったんだね。物と物が結び付く仕組みって不思議だね。

問８　【資料６】のきまりにしたがって，次の条件（ア），（イ）に合うように，それぞれの図形をかきなさい。なお，コンパスや定規を使ってかく必要はありません。

（ア）　１つの 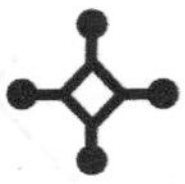 に４つの  が結び付いた図形。

（イ）　１つの 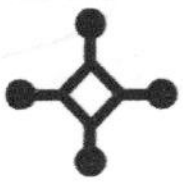 に１つの  と２つの  が結び付いた図形。

問９　【資料６】のきまりにしたがって，３つの 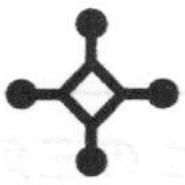 と１つ以上の  が結び付いた図形を作るとき，  はいくつ必要ですか。最も多く必要となる場合の数と，最も少ない場合の数をそれぞれ答えなさい。

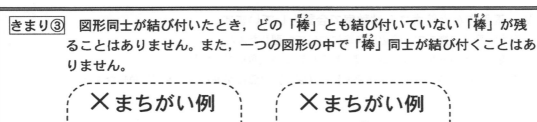

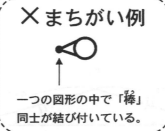

Ⅵ　玉美さんと龍太さんは教室で会話をしています。

龍太：算数の授業で二等辺三角形について学習したよね。

玉美：二等辺三角形は２つの辺の長さが等しい三角形だったね。

龍太：実は下の２つの図形【図１】と【図２】は面積が等しい二等辺三角形なんだって。

【図１】

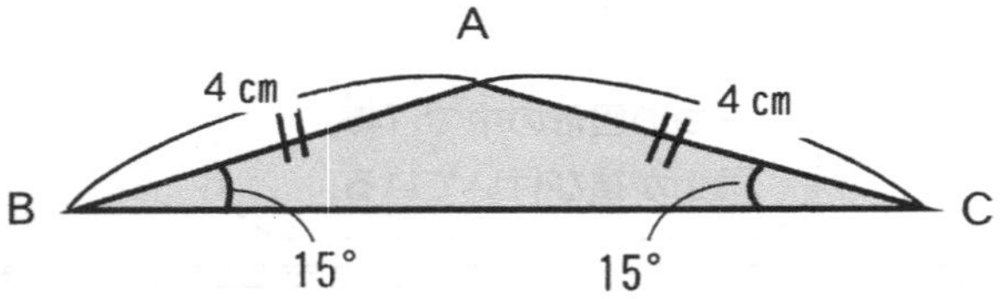

【図２】

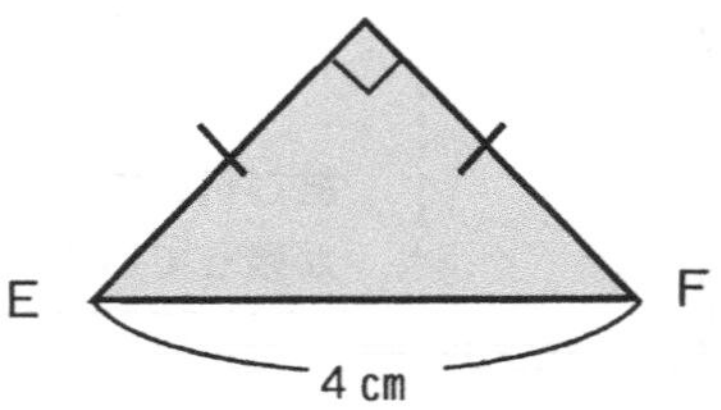

玉美：本当に？形は全然ちがうのに不思議ね。どうやったら同じ面積って言えるかな。

龍太：まずは，辺ABが底辺に見えるように回転させて，点Hを【図３】のようにとってみよう。

【図３】

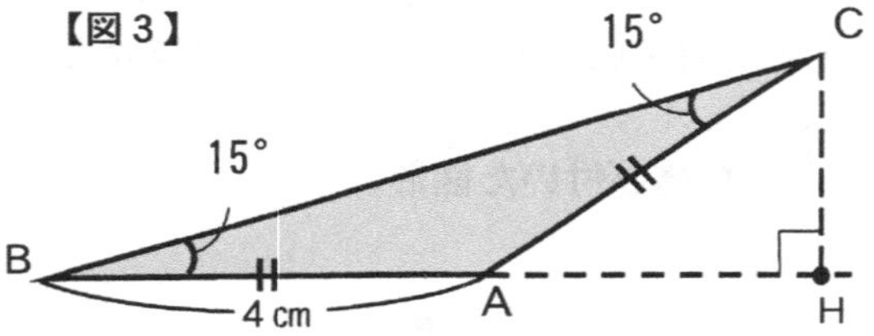

【図２】

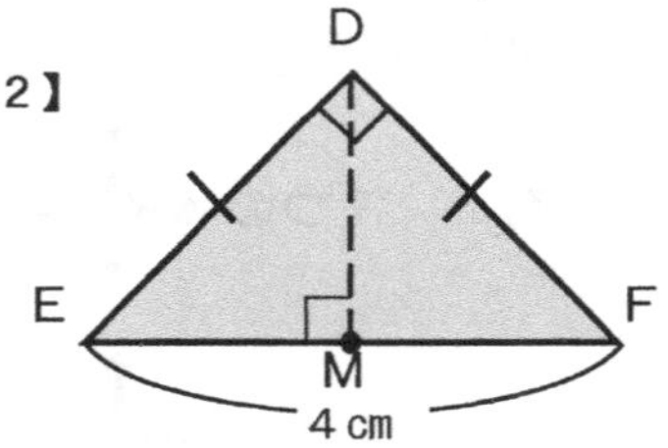

玉美：考えやすくなったね。

龍太：あとは高さが同じであるとわかればいいよね。

問10　【図２】と【図３】の２つの三角形の高さＤＭとＣＨが同じ長さであることを，言葉や式を使って説明しなさい。なお，解答用紙の図に書きこんでもよいものとする。

ただし，２つの三角形を重ねたり，定規で測ったりして，同じ高さであるという説明は除《のぞ》くものとする。

なお，２つの点を結んだときにできる線を次のように表して説明してもよい。

（例）　点Ａと点Ｈを結んだ線のことをＡＨと表す。
点Ｅと点Ｍを結んだ線のことをＥＭと表す。

このページには，問題はありません。

このページには、問題はありません。

このページには、問題はありません。

このページには、問題はありません。

令和三年度　鹿児島市立鹿児島玉龍中学校

適性検査Ⅰ

（四十五分）

《注意事項《じこう》》

一　「はじめ」の合図があるまで、この問題用紙を開いてはいけません。

二　指示があってから、問題用紙と解答用紙の決められた欄《らん》に受検番号を受検票のとおり記入しなさい。

三　解答はすべて、解答用紙の決められた欄《らん》に記入しなさい。

四　問題を声に出して読んではいけません。

五　印刷がはっきりしなかったり、問題用紙や解答用紙が足りなかったりする場合は、だまって手をあげなさい。

六　「やめ」の合図で、すぐに鉛《えん》筆を置き、問題用紙と解答用紙の受検番号を書いてある面を上にし、解答用紙は広げて机の上に置きなさい。

受検番号	

鹿児島玉龍中学校一年生の龍太さんと玉美さんが話をしています。

龍太　今度、ぼくの家の掃除《そうじ》機を買いかえることになったんだ。それで、新しい掃除《そうじ》機はどんなものがいいか、家族で話し合っているんだ。

玉美　掃除《そうじ》機にもいろいろな種類があるものね。そういえば、私が最近読んだ岡田美智男《おかだみちお》さんの本にも、掃除《そうじ》機について書かれていたよ。

【玉美さんが読んだ本の一部】

ひとりで勝手にお掃除《そうじ》してくれるロボット。その能力を[注1]飛躍《ひやく》的に向上させるなら、わたしたちの仕事をいつかは奪《うば》ってしまうのではないかと心配する向きもある。しかし、もうしばらくは大丈夫《だいじょうぶ》なのではないかと思う。一緒《いっしょ》に暮らしはじめてみると、その〈弱さ〉もいくつか気になるのだ。

玄関《げんかん》などの段差から落ちてしまうと、そこからなかなか這《は》い上がれない。部屋の隅《すみ》にあるコード類を巻き込《こ》んでギブアップしたり、時には椅子《いす》やテーブルなどに囲まれ、その[注2]袋《ふくろ》小路《こうじ》から抜《ぬ》けだせなくなりそうになる。「アホだなぁ……」と思いつつも、そんな姿になんとなくほっとしてしまう。

こうした関わりのなかで、わたしたちの心構えもわずかに変化してくる。ロボットのスイッチを入れる前に、部屋の隅《すみ》のコードを束ねはじめる。ロボットの先回りをしては、床《ゆか》の上に乱雑に置かれたモノを取り除いていたりする。いつの間にか、部屋のなかはきれいに片づいている。このロボットの意図していたことではないにせよ、周りの手助けを上手に引きだしながら、結果として「部屋のなかをお掃除《そうじ》する」という目的を果たしてしまう。

（中略）

先に述べたように「コードを巻き込《こ》んで、ギブアップしやすい」というのは、一種の欠陥《けっかん》や欠点であり、本来は克服《こくふく》されるべきものだろう（じつは、いつの間にかパワーアップされたお掃除《そうじ》ロボットの仲間は、こうした欠点を克服《こくふく》しつつある……）。しかし、その見方を変えるなら、この〈弱さ〉は、「わたしたちに一緒《いっしょ》にお掃除《そうじ》に参加するための[注3]余地や余白を残してくれている」ともいえるのだ。

そこで一緒《いっしょ》にお掃除《そうじ》する様子を眺《なが》めてみるとおもしろい。わたしたちとロボットとは、お互いに部屋を片づける能力を競いあいながら、この掃除《そうじ》に参加している風ではない。どこまで手伝えばいいのか、どのような工夫をすれば、このロボットは最後まで[注4]完遂《かんすい》してくれるのか。そうした[注5]試行錯誤《さくご》を重ねるなかで、お互いの[注6]得手《えて》、不得手《ふえて》を特定しあう。目の前の課題に対して、その連携《れんけい》のあり方を探ろうとする。「相手と心を一つにする」というところまで、まだ距離《きょり》はありそうだけど、ようやくその入り口に立てたような感じもするのである。

床《ゆか》の上のホコリを丁寧《ていねい》に吸い集めるのは、ロボットの得意とするところであり、わたしたちに真似《まね》はできない。一方で、ロボットの進行を先回りしながら、椅子《いす》を並べかえ、障害物を取り除いてあげることは、わたしたちの得意とするところだろう。一緒《いっしょ》にお掃除《そうじ》しながらも、お互いの〈強み〉を生かしつつ、同時にお互いの〈弱さ〉を[注7]補完しあってもいる。

（岡田美智男《おかだみちお》『〈弱いロボット〉の思考　わたし・身体《しんたい》・コミュニケーション』による）

1　飛躍《ひやく》的に＝急速に。大きく。
2　袋《ふくろ》小路《こうじ》＝行きどまりになって動けない場所。
3　余地＝ゆとりや余裕《よゆう》。
4　完遂《かんすい》＝完全にやりとげる。
5　試行錯誤《さくご》＝いろいろ試しながら成功に近づけていくこと。
6　得手《えて》＝得意とすること。
7　補完＝足りないところを補って完全なものにする。

令和３年度

鹿児島市立鹿児島玉龍中学校

適性検査Ⅱ

（時間４５分）

《注意事項《じこう》》

１　「はじめ」の合図があるまで，この問題用紙を開いてはいけません。

２　指示があってから，問題用紙と解答用紙の決められた欄《らん》に受検番号を受検票のとおり記入しなさい。

３　解答はすべて，解答用紙の決められた欄《らん》に記入しなさい。

４　問題を声に出して読んではいけません。

５　印刷がはっきりしなかったり，問題用紙や解答用紙が足りなかったりする場合は，だまって手をあげなさい。

６　「やめ」の合図で，すぐに鉛《えん》筆を置き，問題用紙と解答用紙の受検番号を書いてある面を上にし，解答用紙は広げて机の上に置きなさい。

受検番号	

I　あなたは，龍太さんと玉美さんと一緒に社会科室でいろいろな資料を見ています。

龍太：昨年の新聞に，鹿児島市長選挙のことがのっているよ。

玉美：これから鹿児島市がどのように変わるのか楽しみ。もし，あなたが市長になったらどのようなことをやってみたい？

あなた：そうだね。わたしだったら，地域で行う子育て支援《えん》事業をやってみたいな。

龍太：それは，どんなことをしようと思っているの？

あなた：具体的には，

ア

と思っているよ。

龍太：それは良い案だね。これからの鹿児島市がもっと住みやすい街になるといいね。

問１　会話文中の ア にあてはまる文を，下の【使用する語句】を２つとも使って５０字以上７０字以内で答えなさい。

ただし，１マス目から書き始めて，句読点や記号も字数に数えなさい。

【使用する語句】

児童センター　　ボランティア

玉美：いい政策を考えるために他の国のことも知りたいな。

龍太：ここにこんな資料があったよ。

玉美：「おもな国の産業別人口の割合」が分かるね。どのようなグラフに表すとさらに分かりやすくなるのかな。

【表１】　おもな国の産業別人口の割合（%）

国　名	第１次産業	第２次産業	第３次産業
中　国（2015年）	２８	２９	４３
オーストラリア（2016年）	３	１９	７８
日　本（2016年）	４	２５	７１
日　本（1950年）	４８	２２	３０

出典：国際労働機関（ILO）の資料より作成

【資料２】　【表１】の説明

第１次産業とは農業・林業・水産業など，第２次産業とは鉱業・製造業・建設業など，第３次産業とはこれら以外の産業を表している。

問２　【表１】は帯グラフに表すとより分かりやすい資料になるが，その理由を【表１】をもとにして，３５字以内で書きなさい。
ただし，１マス目から書き始めて，句読点や記号も字数に数えなさい。

龍太：２つの円グラフが書かれている資料もあるよ。比べてみると分かってくることがありそうだな。

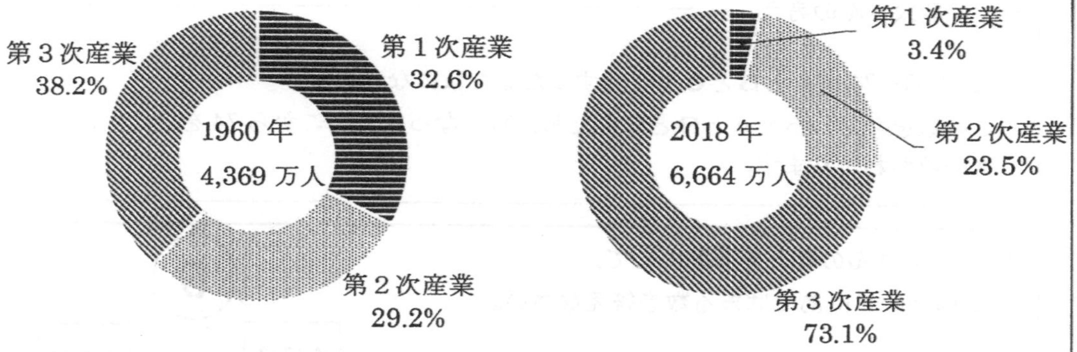

（注）円グラフの中央の人数は，その年の第１次産業，第２次産業，第３次産業の合計人数を表している。

出典：国際労働機関（ILO）の資料より作成

【図３】　日本の産業別人口割合の変化

問３　下の文章は，２０１８年の第２次産業の人口は１９６０年と比べて増えていることを説明したものである。【図３】をみて，下の文章の［　イ　］にあてはまる数を答えなさい。
ただし，四捨五入して，上から３けたのがい数にしなさい。

第２次産業の人口を調べると，１９６０年は約１２８０万人なのに対して，２０１８年は約［　イ　］万人だから増えている。

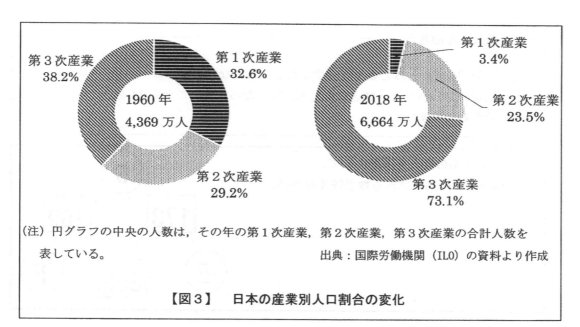

Ⅱ　**龍太さんと玉美さんは教室でいろいろな問題について考えています。**

龍太：この三角形の形をした図にはどんなきまりがあるの？

玉美：□の中の数はその隣《となり》どうしの２つの○の和が書かれているの。例えば，

A＋B＝61 ということね。　**A**にあてはまる数字を答える問題だよ。

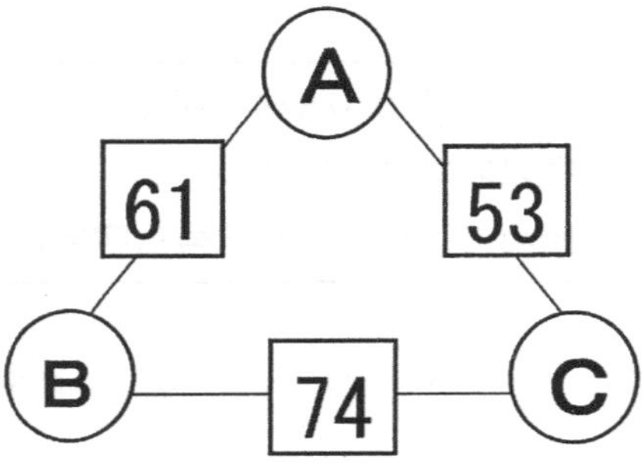

龍太さんの考え

61＋53＋74 は**A**と**B**と**C**を２回ずつたした数になります。
この数を２でわると**A**と**B**と**C**をたした数になって，ここから 74 をひくと，
Aの数がわかります。

問４　**龍太さんの考えを参考にして，**
右の図のFにあてはまる数を答えなさい。

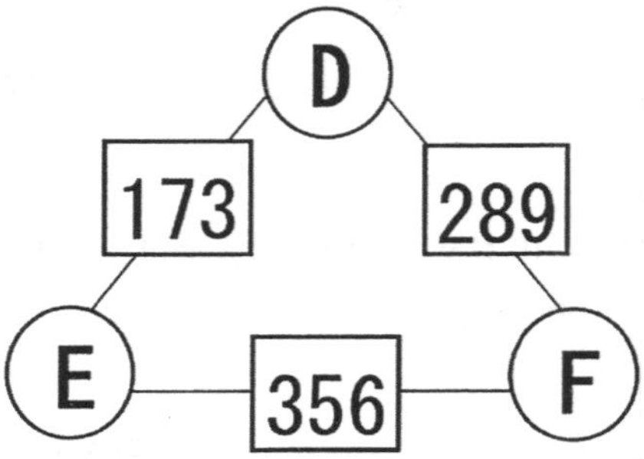

玉美さんの考え

Aを２回たした数は［　ウ　］を計算して求められます。
だから，この数を２でわると，**A**の数がわかります。

問５　**玉美さんの考えにある［　ウ　］の式を書きなさい。**

龍太：次は，立体の問題だよ。【図４】の説明はある空間に位置する立体を

【3《スリー》Dスキャン】して，【数値《ち》化】する方法が書かれてあるんだ。

玉美：おもしろそうね。立方体Ａの底面は軸《じく》Xが５，軸《じく》Yが２のところにあって，立方体Ａの高さは軸《じく》Zが１のところにあるから，立方体Ａは（５，２，１）と表されるのね。

【3《スリー》Dスキャン】

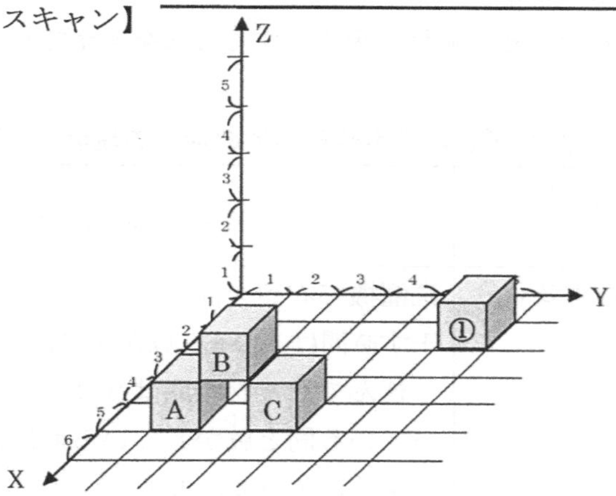

【数値《ち》化】

	立方体Ａ	立方体Ｂ	立方体Ｃ
(X，Y，Z) ＝	（５，２，１），	（５，３，２），	（５，４，１）

【図４】　立体の問題

問６　【図４】にある立方体①を数値《ち》化して答えなさい。

問７　下の数値《ち》化した値《あたい》からできる立体を，ア～カの中から１つ選びなさい。

(X，Y，Z) ＝ （５，５，１），（５，４，２），（４，５，２），（４，６，２），（６，４，２），（６，５，２），（４，５，３）

ア　イ　ウ　エ　オ　カ

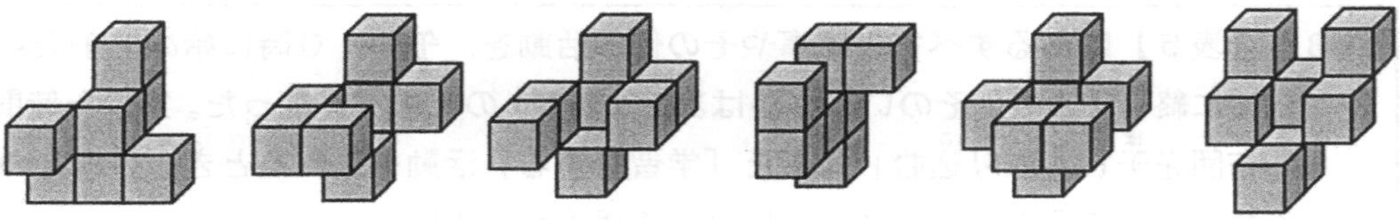

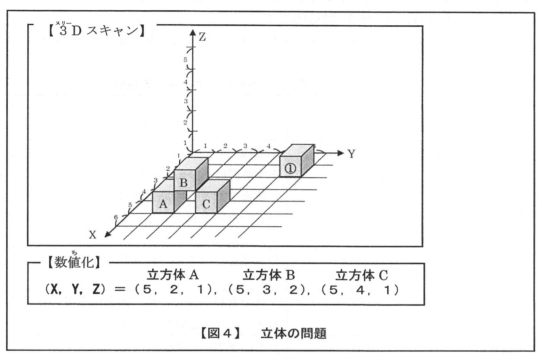

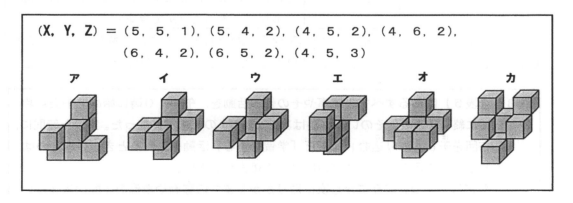

Ⅲ　**龍太さんと玉美さんは教室で会話をしています。**

龍太：昨日は，家事を１人でしてみたんだ。とても時間がかかって大変だったよ。でも，布団や洗濯《たく》物を干《ほ》したかったから晴れていて助かった。

玉美：がんばったね。家事を何時から始めて，何時に終わったの？

龍太：１０時から夜の９時までかかったよ。

玉美：今後のために，できるだけ短い時間で家事をする方法を考えてみましょう。

【表５】　龍太がした家事やその他の活動の説明

家事やその他の活動	必要な時間の合計	家事やその他の活動の詳《しょう》細
衣類を洗濯《たく》してたたむ	５時間３０分以上	洗濯《たく》機で衣類を洗う時間は１時間です。衣類を干《ほ》す時間は１０分，乾《かわ》かす時間は４時間以上，取り込《こ》んでたたむ時間は２０分です。洗濯《たく》機で洗っている間と乾《かわ》かしている間は，他の家事などをすることができます。
部屋の掃除《そうじ》をする	４０分	掃除《そうじ》機を使って部屋の掃除《そうじ》をする時間は４０分です。
食材の買い物に行く	１時間３０分	夕食の食材を買うため，家を出発して帰ってくるまでにかかる時間は１時間３０分です。
昼食をとる	４０分	昼頃《ごろ》に食事をします。
布団を干《ほ》して取り込《こ》む	３時間２０分以上 ４時間２０分未満	干《ほ》すために布団を並べる時間は１０分かかります。日光に当てた後，１０分かけて取り込《こ》みます。日光に当てる時間は３時間以上にし，４時間を超《こ》えないようにします。干《ほ》している間は，他の家事などをすることができます。
学習をする	１時間２０分	学校の課題や自分で考えた学習をします。学習は途《と》中でやめることなく最後まで行います。

問８　【表５】にあるすべての家事やその他の活動を，午前１０時に始めて午後４時までに終えるとき，そのいくつかは次の【表６】のとおりになった。空いた時間に，「布団を干《ほ》して取り込《こ》む」家事と「学習をする」活動を入れるとき，この２つは，それぞれ何時何分に始めればいいか，１組答えなさい。

ただし，１つを終えてから次に取りかかるまでの移動や準備の時間は考えないものとして答えなさい。

令和三年度　鹿児島市立鹿児島玉龍中学校　適性検査Ⅰ　解答用紙

問一

ア　12　15

イ　12　15

小計一

問二

50　60

小計二

問三

(1)　を知ること。

(2)　関係になること。

小計三

問6	（　　　，　　　，　　　）
問7	
問8	「布団を干して取り込《こ》む」　時　　分 「学習をする」　時　　分
問9	→　　→　　→
問10	①
	②

令和3年度　鹿児島市立鹿児島玉龍中学校　適性検査Ⅱ

解答用紙

(配点非公表

受検番号

問1

問2

帯グラフは

35

問3

万人

問4

問5

受検番号

1 2 3 4 5 6 7 8 9 10

小計四

合計

(配点非公表)

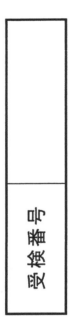

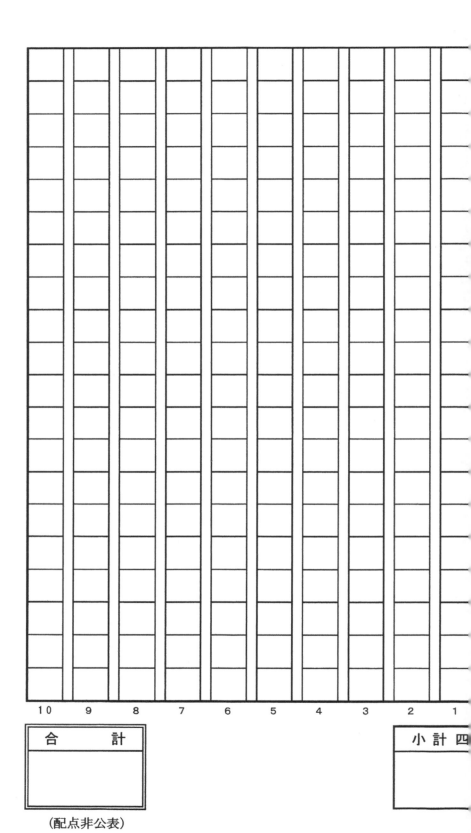

【表６】　スケジュール表

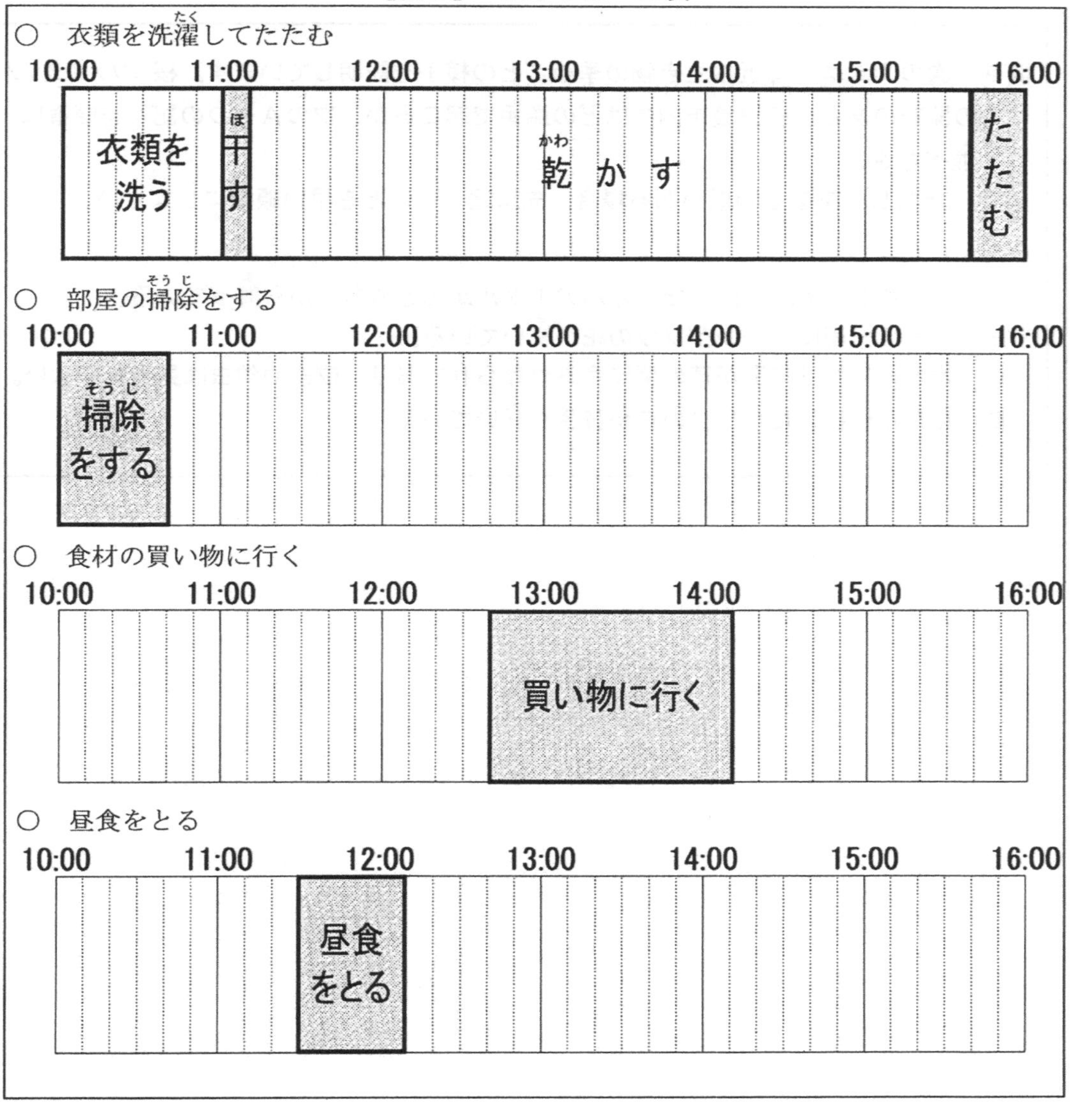
○　衣類を洗濯《たく》してたたむ
10:00
11:00
12:00
13:00
14:00
15:00
16:00
衣類を洗う
干《ほ》す
乾《かわ》かす
たたむ
○　部屋の掃除《そうじ》をする
10:00
11:00
12:00
13:00
14:00
15:00
16:00
掃除《そうじ》をする
○　食材の買い物に行く
10:00
11:00
12:00
13:00
14:00
15:00
16:00
買い物に行く
○　昼食をとる
10:00
11:00
12:00
13:00
14:00
15:00
16:00
昼食をとる

Ⅳ　龍太さんと玉美さんは，理科室である資料を見ています。

龍太：桜が咲《さ》き始めたね。もうすぐ４月，中学校の入学式だね。

玉美：私たちの周りには，季節を感じさせてくれる生き物がたくさんいるよ。

問９　次の文章は，身近な生き物の季節ごとの様子を説明しています。桜（ソメイヨシノ）の開花のあと，鹿児島市内ではどの順番で起こるか，次のＡ～Ｄの記号を順番に並《なら》べなさい。

ただし，重なる時期がある場合，先に起こることを早い順番にしなさい。

Ａ　夕ぐれどきの水辺に，たくさんのホタルが光を放ちながら舞《ま》っている。

Ｂ　田んぼ一面に，レンゲソウの花が咲《さ》いている。

Ｃ　オオカマキリの卵が草の葉に産み付けられており，成虫や幼虫は見当たらない。

Ｄ　花だんに植えたヘチマの花が黄色く咲《さ》いている。

玉美：ここに面白い形のグラフがあるよ。
龍太：どちらも食物《しょくもつ》連鎖《れんさ》を表しているようだね。

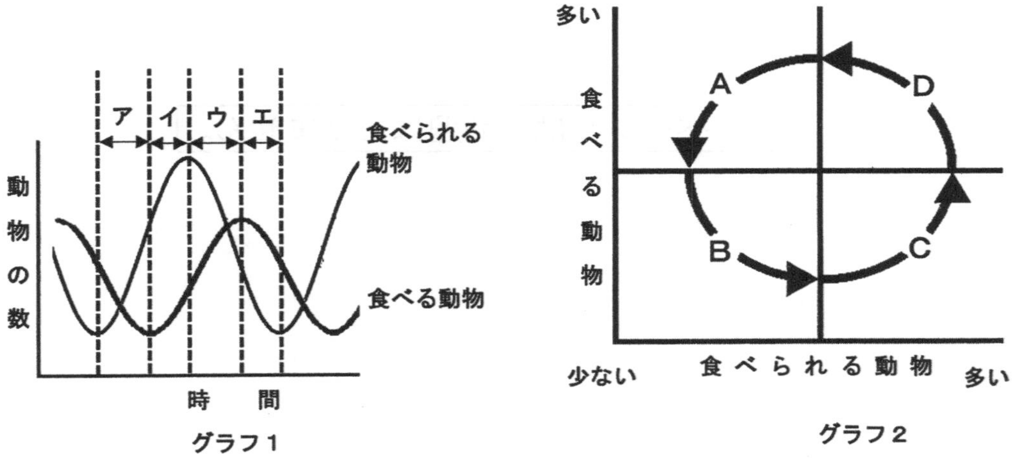

出典：「ロトカ・ヴォルテラの方程式」を参考に作成

(注)「ロトカ・ヴォルテラの方程式」とは，食物《しょくもつ》連鎖《れんさ》について，食べる動物と食べられる動物の数が時間とともにどのように変わっていくのかその関係を表したものである。

【図７】　「食べる動物」と「食べられる動物」の数の変化の様子を表したグラフ

問10　【図７】のグラフ１とグラフ２は，「食べる動物」と「食べられる動物」の増減の関係が同じである。下の文章の［　①　］や［　②　］にあてはまる記号を，グラフ１のア～エから１つずつ選び記号で答えなさい。

グラフ２のＣでは，「食べる動物」の数が最も少なく，その後，数が増えている。また，「食べられる動物」の数は中ぐらいで，その後，数が増えている。だから，グラフ２のＣはグラフ１では［　①　］を表している。同じようにして考えると，グラフ２のＤはグラフ１では［　②　］を表している。

このページには，問題はありません。

このページには，問題はありません。

龍太　お掃除《そうじ》ロボットだからといって、全部ロボットにまかせきりというわけではないんだね。

玉美　私たち人間とロボットの連携《れんけい》が必要だと書いてあったよね。

問一　人間とお掃除《そうじ》ロボットの連携《れんけい》について次のようにまとめました。（　ア　）・（　イ　）にあてはまる言葉を、岡田美智男《おかだみちお》さんの文章の中からそれぞれ十二字以上、十五字以内でぬき出して書きなさい。（句読点や記号も字数に数えなさい。）

> コード類を巻き込《こ》んだり、（　ア　）たりすると動けなくなるというお掃除《そうじ》ロボットの〈弱さ〉を補うために、人間が先回りをして（　イ　）で、お掃除《そうじ》ロボットが能力を発揮《はっき》できるようになる。

龍太　自分の部屋は自分できれいにしなさいってことで、ぼくにも、どの掃除《そうじ》機がいいか意見を求められているんだ。

玉美　龍太さんの部屋は、床《ゆか》に本とか洋服とかたくさんのものが転がっているものね。

問二　次のA・Bは掃除《そうじ》機の広告の一部です。あなたなら龍太さんにA・Bどちらの掃除《そうじ》機をすすめますか。龍太さんの部屋の様子と岡田美智男《おかだみちお》さんの文章に書かれている内容をふまえて、あなたがすすめる掃除《そうじ》機の記号とその理由を五十字以上、六十字以内で書きなさい。（解答欄《らん》の一マス目から書き始め、句読点や記号も字数に数えなさい。）

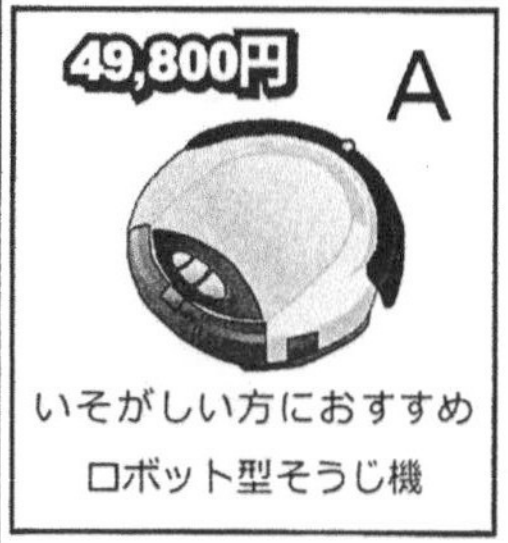

玉美　人間とお掃除《そうじ》ロボットの関係のように、友達どうしでもお互いの〈弱さ〉を補い合うことができればいいよね。

龍太　確かにそうだけど、それは、かんたんなことではないかもしれないね。

問三　友達どうしでお互いの〈弱さ〉を補い合うことができるようになるためには、どのようなことが必要だと考えられますか。次の(1)・(2)の［　　］にあてはまるように自分で考えて書きなさい。ただし、どちらも「弱さ」という語を必ず使って書きなさい。

(1)［　　　　］を知ること。

(2)［　　　　］関係になること。

龍太　玉美さん、ぼくの〈弱さ〉を補ってね。ぼくは、自分の〈強み〉を発揮《はっき》できるようにこれからもがんばるよ。

問四　あなたの〈強み〉はどのようなことですか。また、その〈強み〉を、さまざまな人との関わりが生まれる中学校生活で、どのように生かそうと考えていますか。次の〈条件〉にしたがってあなたの考えを書きなさい。

〈条件〉１　二段落構成とし、一段落目には、あなたの〈強み〉を具体的に書きなさい。また、二段落目には、その〈強み〉を中学校生活でどのように生かそうと考えているかを書きなさい。

２　題名と氏名は書かずに、原稿《げんこう》用紙の使い方にしたがって、八行以上、十行以内で書きなさい。

令和二年度　鹿児島市立鹿児島玉龍中学校

適性検査 I

（時間四十五分）

《注意事項《じこう》》

一　「はじめ」の合図があるまで、この問題用紙を開いてはいけません。

二　指示があってから、問題用紙と解答用紙の決められた欄《らん》に受検番号を受検票のとおり記入しなさい。

三　解答はすべて、解答用紙の決められた欄《らん》に記入しなさい。

四　問題を声に出して読んではいけません。

五　印刷がはっきりしなかったり、問題用紙や解答用紙が足りなかったりする場合は、だまって手をあげなさい。

六　「やめ」の合図で、すぐに鉛《えん》筆を置き、問題用紙と解答用紙の受検番号を書いてある面を上にし、解答用紙は広げて机の上に置きなさい。

受検番号	

鹿児島玉龍中学校一年生の龍太《りゅうた》さんと玉美《たまみ》さんが話をしています。

龍太　実は今度、富士山に登ることになったんだ。玉美さんは富士山に登ったことがある？

玉美　私は、新幹線で東京に行ったときに、窓から見える富士山しか見たことがないわ。父は、登ったことがあるそうなんだけれど、遠くから見るときれいな山なのに、登ってみると険しくてあらあらしい山だったと言っていたわ。

龍太　そうらしいね。僕も世界文化遺産に選ばれたきれいな山だとしか思っていなかったよ。

玉美　実は、その世界文化遺産に選ばれるのも、簡単ではなかったらしいわよ。理由が、この前読んだ外山滋比古《とやましげひこ》さんの『伝達の整理学』という本の中に書いてあったわ。

【玉美さんが読んだ本の一部】

先年、日本政府は富士山が世界文化遺産に登録されることを希望した。①ユネスコの判定は不可だった。なぜかというと、日本側が三保《みほ》の松原《まつばら》[注1]をふくんだ富士山を登録してほしいと申請《しんせい》したのに、三保《みほ》の松原《まつばら》は何十キロもはなれている。富士山の一部とは認められない、という理由だった。

それに対して古来、富士山は三保《みほ》の松原《まつばら》からの眺《なが》めがとくにすぐれていると考えられてきて、富士山と無縁《むえん》ではないということで再度、判定を仰《あお》いだ。

それに対してユネスコが賛成し、三保《みほ》の松原《まつばら》をふくめた富士山を世界遺産と認定《にんてい》したのである。デリケートな問題に柔軟《じゅうなん》な判断を下したのは、さすがである。

近景の富士でなく、中景の富士を認めたのは見識[注2]であった。文化についての理解の深さを思わせる。

一般《いっぱん》に景観を愛《め》[注3]でるに当たっては近景が考えられている。小風景では妥当《だとう》[注4]でも、大きな対象では適当でないことがすくなくないが、一般《いっぱん》の認めるところとなっていない。

富士山は近くで見るのではなく、はなれて眺《なが》めたとき、本当の美しさがわかる。そのことを日本人はともすれば忘れがちであるが、正しくない。

景観には、遠景、中景、近景の三つがあって、巨大《きょだい》な自然は、すこしはなれたところから見たときにもっとも美しい。

そういうことを、学問のなかった昔の人は、しっかり、とらえていたらしい。

遠くより[注5]眺《なが》むればこそ白妙《しろたえ》の
　富士も富士なり筑波嶺《つくばね》もまた

という古歌は、中景の美をたたえているのである。ユネスコの役人もその心を解したということができる。〝遠くより〟というのは、ここで中景と言っているもので、遠景のことではない。大きな景観は、中景がいいのである。

（中略）②近すぎては、本当のよさがわからない。そういうことは風景に限ったことではない。ひろく、音もなくはたらいている原理であると言ってよい。

（外山滋比古《とやましげひこ》『伝達の整理学』ちくま文庫による）

注
1　三保《みほ》の松原《まつばら》……静岡市にある美しい景色をもつ場所。
2　見識……すぐれた意見や考え。
3　愛《め》でる……美しさを味わって感動する。
4　妥当《だとう》……よくあてはまること。適切なこと。
5　遠くより～……遠くから眺めてこそ白く美しい富士山であり　筑波《つくば》山もまた同じで遠くから見た方が美しい。

令和２年度

鹿児島市立鹿児島玉龍中学校

適性検査Ⅱ

（時間４５分）

《注意事項《じこう》》

1　「はじめ」の合図があるまで，この問題用紙を開いてはいけません。

2　指示があってから，問題用紙と解答用紙の決められた欄《らん》に受検番号を受検票のとおり記入しなさい。

3　解答はすべて，解答用紙の決められた欄《らん》に記入しなさい。

4　問題を声に出して読んではいけません。

5　印刷がはっきりしなかったり，問題用紙や解答用紙が足りなかったりする場合は，だまって手をあげなさい。

6　「やめ」の合図で，すぐに鉛《えん》筆を置き，問題用紙と解答用紙の受検番号を書いてある面を上にし，解答用紙は広げて机の上に置きなさい。

受検番号	

このページには、問題はありません。

龍太《りゅうた》：いよいよ，今年は２０２０年，東京ではオリンピックが行われるね。
玉美《たまみ》：そうねえ。今からとてもわくわくしてきたわ。でも，鹿児島では国民体育大会が行われるのよね。開会式はどこであるか知っている？
龍太：もちろん。鴨池《かもいけ》の陸上競技場だよね。日本中からいろんなスポーツ選手が集まってくるんだよね。僕も何か応援《おうえん》したいな。
玉美：ところで，鴨池《かもいけ》の陸上競技場や野球場があるあたりは，昔は海の中だったって知っている？おじいちゃんから聞いたのだけど，その後，埋《う》め立《た》てられたらしいわよ。
龍太：そうなんだ。だからあのあたりを「与次郎ヶ浜《よじろうがはま》」って呼ぶんだね。ちょっと調べてみたくなったね。
玉美：まずは，古い地図で比較《ひかく》してみようかしら。

二人は，図書館で鹿児島市の古い地図を見つけ，その様子を調べてみました。
その地図が【図１】と【図２】です。

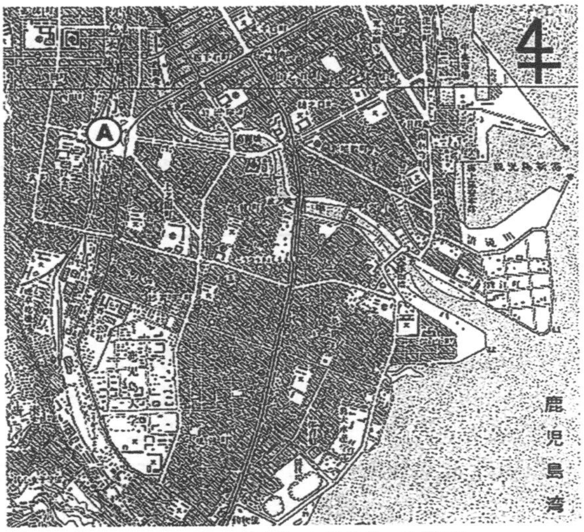

【図１】１９７０年（昭和４５年）の地図

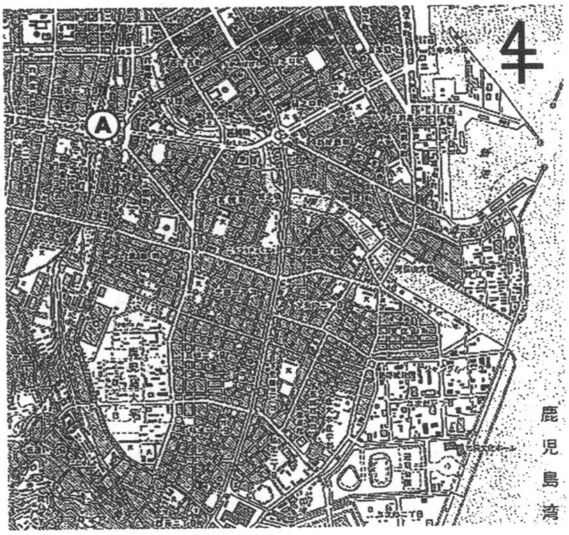

【図２】２００４年（平成１６年）の地図

問１　この地図中のⒶは，現在の鹿児島中央駅のあたりです。Ⓐから見て埋《う》め立《た》てられた「与次郎ヶ浜《よじろうがはま》」はどの方角にありますか。八方位で答えなさい。

玉美：ねえねえ，もっとすごいことがわかったわよ。この「与次郎ヶ浜《よじろうがはま》」は，とても面白い方法で埋《う》め立《た》てられたんだって。この地図（【図３】）を見て。
龍太：この地図の太い線は何を表しているの？
玉美：これは，太いパイプがひかれていた場所を示しているの。実は，ポンプで海水をくみ上げてこのパイプの中を通して，城山展望台の北西側の山まで持っていったんだって。そして，山をけずって人が住める場所をつくり，そこから出た土を海水とともに与次郎ヶ浜《よじろうがはま》まで流して埋《う》め立《た》てたらしいわよ。
そのパイプの長さは７．６ｋｍにもなったんだって。

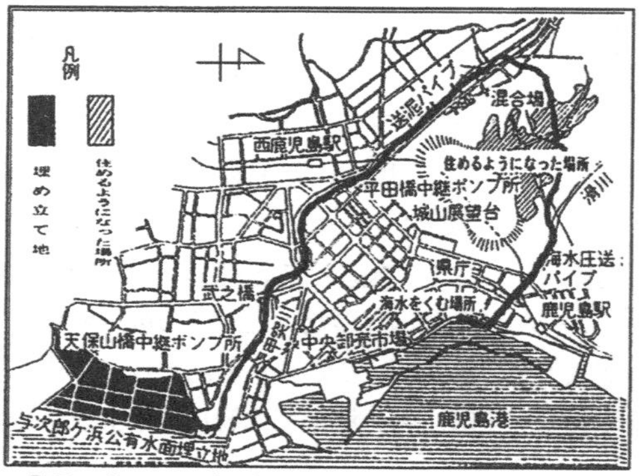

【図３】　工事が行われた頃の地図
（1968　水搬送工法　工事報告 より作成）

問２　与次郎ヶ浜《よじろうがはま》の埋《う》め立《た》てで，土を運ぶのにパイプに海水を通して運ぶ方法にしたのはどうしてだと思いますか。その理由について，あなたの考えを書きなさい。

龍太：こんなふうに鴨池《かもいけ》陸上競技場の周辺はできていったんだね。
玉美：ところで，ドローン（無人航空機）って知っている？
龍太：もちろん。テレビで見たことあるよ。
玉美：最近，他の県ではドローンを使って荷物を運ぶ実験をやっているらしいわよ。
龍太：すごいね。鹿児島市でもドローンが飛び回る時代が来るのかな。

ある街に高さの違う５つの円柱型のビルがあり，真上から見ると【図４】のように，五角形の頂点の位置に並んでいます。

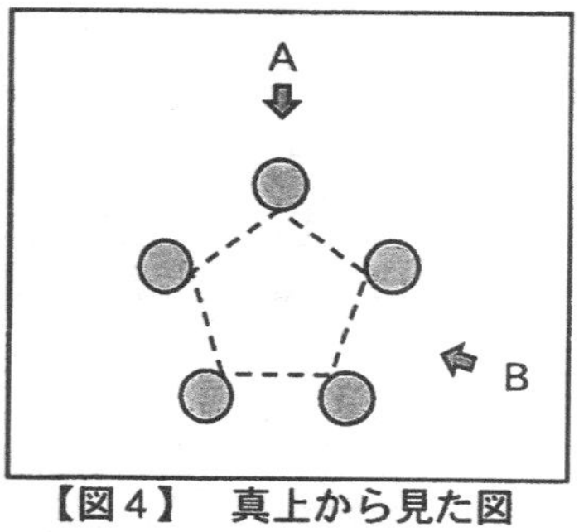

【図４】　真上から見た図

このとき，【図４】のＡの方角からこの５つのビルの屋上にドローン  を使って荷物を運ぶ様子を見たとき，【図５】のように見えました。

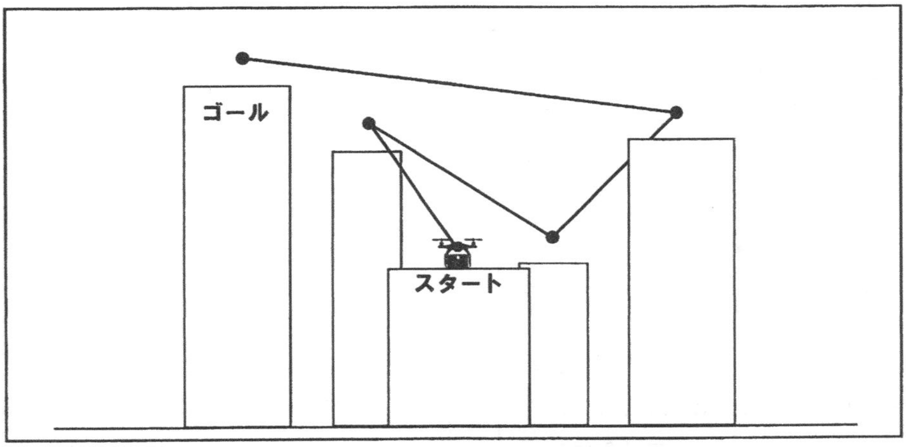

【図５】Ａの方角から見えた５つのビル

問３　このときドローンの様子を【図４】のＢの方角から見た場合は，どのように見えるか，解答欄《らん》の図の点と点を結んで答えなさい。ただし，手前のビルに隠《かく》れて見えないところは線を引かないようにし,「スタート」と「ゴール」の位置も分かるように書《か》き込《こ》みなさい。なお，ドローンはまっすぐ飛ぶこととします。

龍太：去年の１０月から消費税があがったよね。昔はどうだったのかな。
玉美：そういえば，教科書に「８世紀の初めには，律令《りつりょう》という法律ができ，いろいろな税が納められた。」と書いてあったよ。

８世紀の初め，律令《りつりょう》という法律があった頃《ころ》は，６才以上の男性と女性に国から田が与《あた》えられました。

男性に一人２段《たん》，女性一人には男性の３分の２が与《あた》えられました。

この頃《ころ》の土地の広さの単位は「１０段《たん》＝１町《ちょう》」でした。

ここに次のような家族があったとします。

４８才男性・４８才女性・３０才男性・２３才男性

２０才女性・２６才女性・８才男性

この家族には下線の通り，国から田が与《あた》えられたとします。

問４　この家族には，あわせていくらの田が国から与《あた》えられますか。町・段の単位を使って，◇町△段のように答えなさい。

龍太：このポスターを見たことある？

玉美：あるわ。国民体育大会の終わった後に，鹿児島県で初めて行われる「全国障害者《ぜんこくしょうがいしゃ》スポーツ大会」のポスターだよね。

龍太：よく見てみると，このポスターには多くのスポーツが描《えが》かれているよ。僕が興味をもったのは，走っている二人が一本のロープを持っている様子なんだけど。何のスポーツだろう。

玉美：それはねえ，短距離《たんきょり》やマラソンなどで目の不自由な方を援助《えんじょ》しながら走る競技なんだ。伴《ばん》走者《そうしゃ》は，下の写真のようなロープを持って一緒《いっしょ》に走るのよ。このロープを「きずな」って言うらしいわよ。

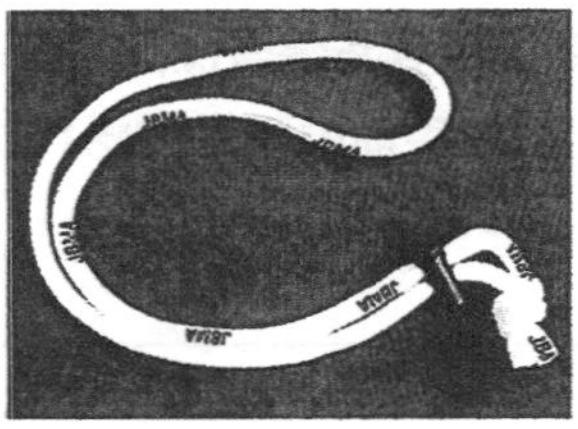

「きずな」の写真

※ポスター省略

【図６】「全国障害者《ぜんこくしょうがいしゃ》スポーツ大会」のポスター

二人は，この競技のルールについて調べてみることにしました。
すると，下の３つのルールがあることがわかりました。

ルール１　伴走者《ばんそうしゃ》は，ランナーを引っ張ったり，後ろから押《お》したりしてはいけない。

ルール２　ゴールの時は，伴走者《ばんそうしゃ》よりもランナーが先にゴールしなければならない。

ルール３　一緒《いっしょ》に走れる伴走者《ばんそうしゃ》は一人でなければならない。

問５　上の「ルール１」が設けられた理由を，「ランナーの安全を守る」ということ以外に１つ考えて書きなさい。

令和二年度　鹿児島市立鹿児島玉龍中学校　適性検査Ⅰ　解答用紙

一

ア

イ

ウ

15

小計一

二

10

20

60

小計二

三

10

20

80

小計三

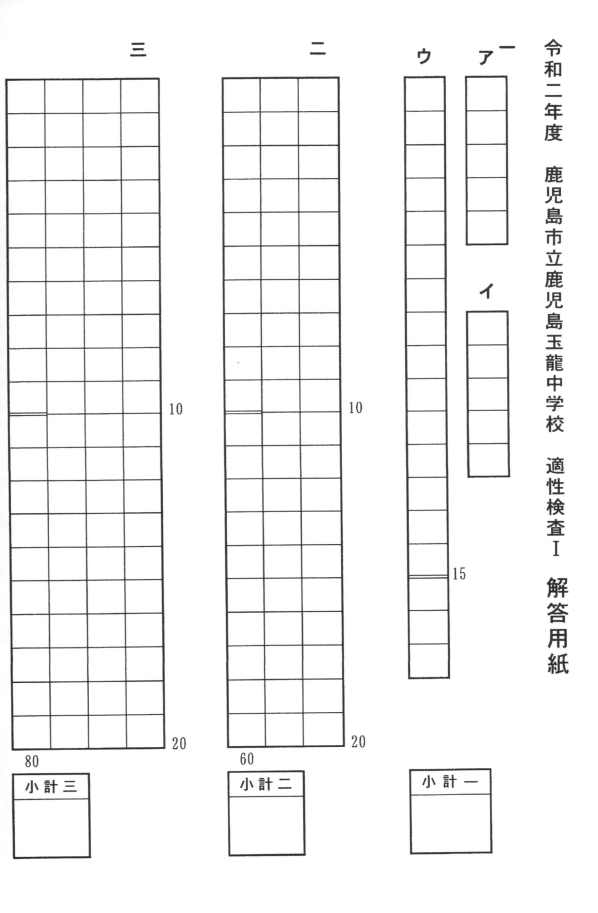

問6	
問7	
問8	
問9	
問10	
問11	
問12	はじめ ⇒

令和2年度　鹿児島市立鹿児島玉龍中学校　適性検査Ⅱ

解答用紙

(配点非公表)

受検番号

問1	
問2	
問3	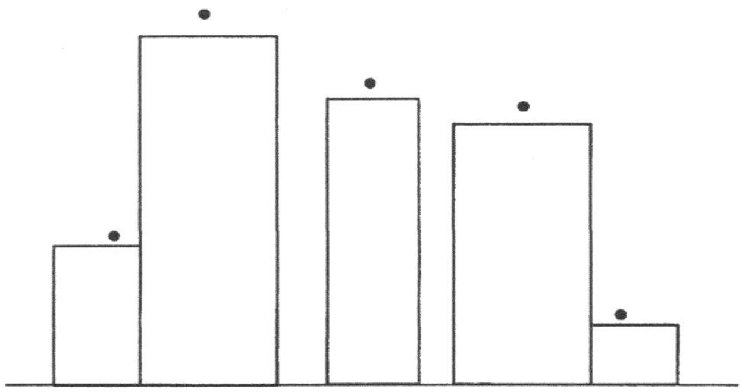
問4	(　　　　)町　(　　　　)段
問5	

四

八行

十行

小計四

合計
(配点非公表)

受検番号

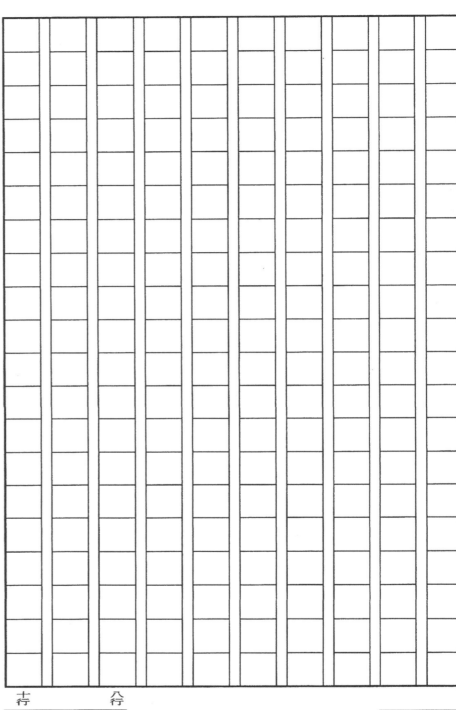

玉美：実は私，剣道《けんどう》を習っているんだ。
龍太：剣道《けんどう》も国民体育大会が鹿児島県であるんだよね。どこであるの。
玉美：霧島《きりしま》市らしいよ。楽しみだね。
龍太：ところで，剣道《けんどう》って背中に赤と白のたすきをつけているけど，何か決まりがあるの？
玉美：【図７】を見て。１回戦では，１番が赤，２番が白をつけるの。２番が勝ったら，２回戦では赤をつけるの。つまり，数字が小さい方が赤をつける決まりなのよ。

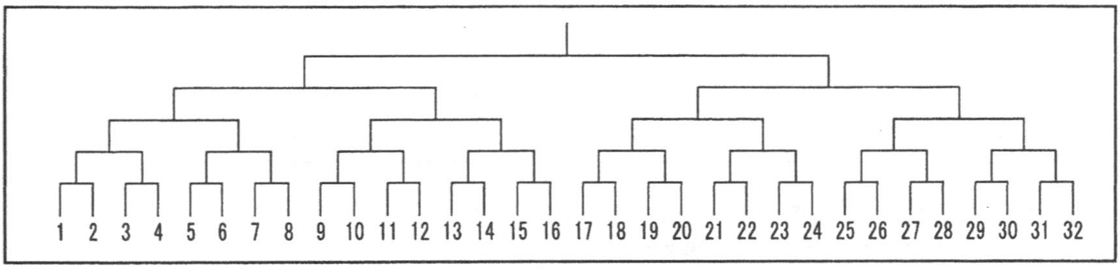

【図７】３２人参加のトーナメント戦

問６　【図７】で，たすきの色が１回戦では赤，そのあと，白→赤→白→赤と決勝戦まで勝ち進んだ人は何番の人ですか。

問７　同じ３２人が参加する別の大会では，４人のグループで総当たり戦を行い，そのグループの中の１位の人だけでトーナメント戦が行われます。この大会は，全部で何試合になりますか。ただし，勝敗数がまったく同じ人が複数いた場合はじゃんけんでトーナメント戦に進む人を決定します。また，引き分けはないものとします。

※総当たり戦…全員が自分以外の他のすべての人と１回ずつ試合を行うやり方。

ある日，玉美さんと龍太くんは，理科室に向かいました。

玉美：砂糖を水にとかすと透明《とうめい》な液になるよね。
龍太：でも，砂糖を入れすぎてしまうと，白っぽくなるのは不思議だよね。
玉美：それって，砂糖がとけきらないからじゃないの。先生にお願いして，物のとけ方について実験をしてみましょう。

龍太くんは先生から以下のような実験材料を預かってきました。

〈実験材料〉

２００mL ビーカー，４０℃の水，ミョウバン，ろ紙，ろうと，ろうと台，ガラス棒

２人は４０℃の水１００ｇを，２００mL のビーカーに入れて，ミョウバンがどれくらいとけるか実験しました。次の【表１】は，その結果です。

【表１】　実験結果

入れたミョウバンの量	３ｇ	６ｇ	９ｇ	１２ｇ	１５ｇ
結果	全部とけた	全部とけた	全部とけた	とけ残った	とけ残った

問８　とけ残ったミョウバンを取り出すために，【図８】のようにろ過を行いました。しかし，このろ過の仕方には誤りがあります。どのように直せばよいか，文章で答えなさい。

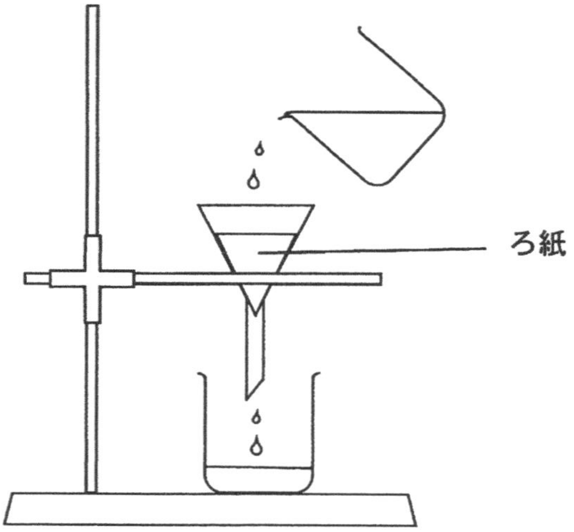

【図８】

玉美：正しい仕方で，ろ過ができたね。

龍太：さっそく，ろ紙を広げてみよう。

問９　２人が広げたろ紙には、ミョウバンがどのように残っているでしょうか。次のア～カから選びなさい。ただし、色の濃《こ》い部分にミョウバンが残っているものとします。

ア　イ　ウ　エ　オ　カ

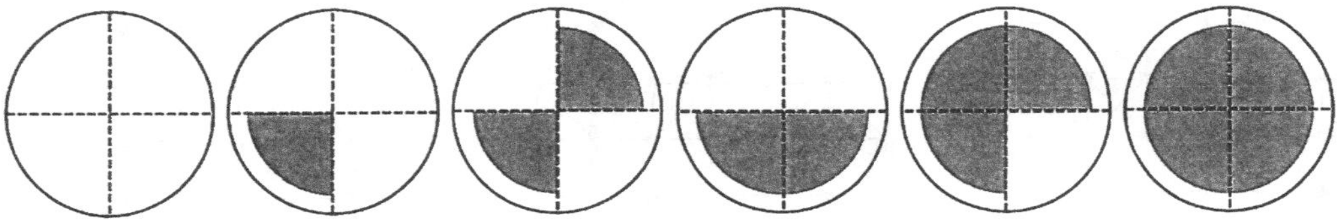

ろ紙に残ったミョウバンを乾燥《かんそう》させた後、上皿天秤《てんびん》で量を量《はか》ったところ，３．３g でした。このことから，４０℃の水１００gには，ミョウバンが１１．７gとけることがわかりました。

龍太：おもしろかったね。このような実験をすれば，水に物がとける量がわかるんだね。

玉美：水の温度が変われば，とける量も変わるのかな。

龍太：じゃあ，実験してみようよ。

２人は，温度を変えながら実験しました。次の【表２】は，その結果です。

【表２】　実験結果

水の温度	２０ ℃	４０ ℃	６０ ℃
とけた量	５．８g	１１．７g	２４．８g

問 10　６０℃の水５０gに，ミョウバンを９g加え，十分に混ぜてとかした後，水の温度を２０℃まで下げました。この液をろ過すると，ろ紙には何gのミョウバンが残るでしょうか。

龍太：実験は楽しかったけど，片づけが大変だな。こんな時にお掃除《そうじ》ロボットがあったらいいのにね。
玉美：そうだね。これからはますますロボットが活躍《やく》する社会になるのでしょうね。
龍太：でも，ロボットが勝手に行動するようになると困るよね。
玉美：そうならないために，命令が決められているらしいよ。この前こんなものを見つけたんだ。
龍太：どんなもの？
玉美：自分で命令した通りに，▲が動くの。思い通りに動かせたら，とてもうれしいわよ。
龍太：楽しそうだね。僕にもやらせてよ。

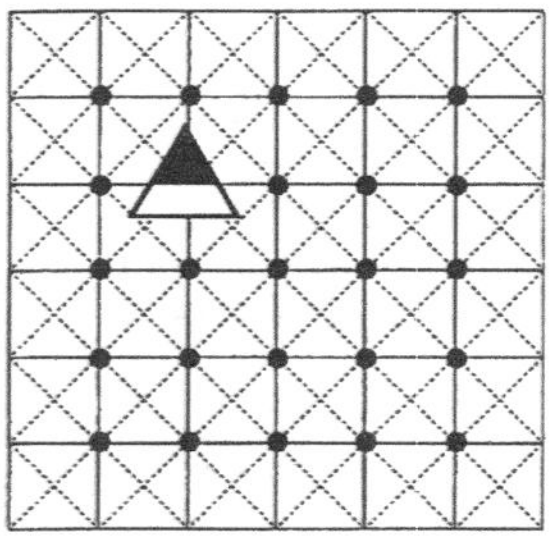
【図９】

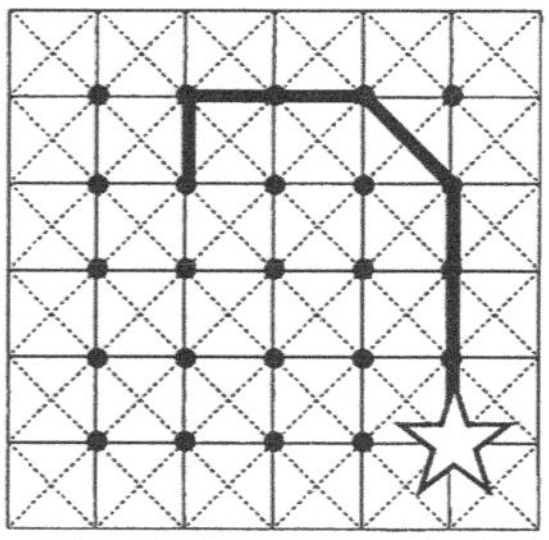
【図１０】

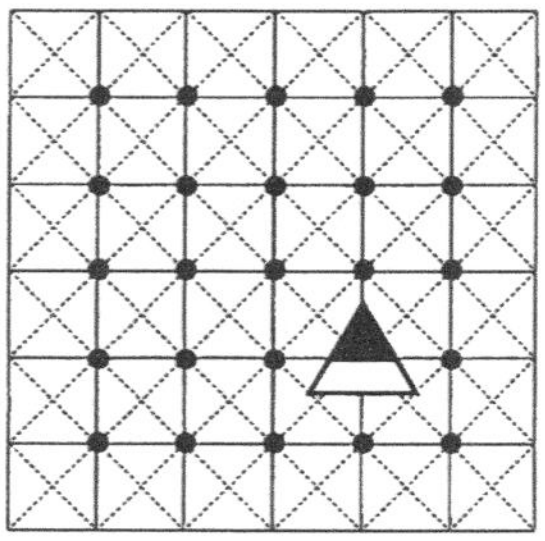
【図１１】

▲を動かすときの命令

『前に１マス進む』は①（１マス進むとは●からとなりの●に進むことである。）
『右に４５度回転する』は②　　『右に９０度回転する』は③

【例】次のような命令をした場合，【図９】の▲が【図１０】の☆に移動します。
（図１０の太線は，途中《とちゅう》通った道を表しています。）

はじめ ⇒①×１⇒③×１⇒①×２⇒②×１⇒①×１⇒②×１⇒①×３⇒②×１⇒おわり
※「①×１」は①の命令を１つ，「①×２」は①の命令を２つしたとします。

問 11　☆の位置の▲の向きとして正しいものを，次のア～カから選びなさい。

ア
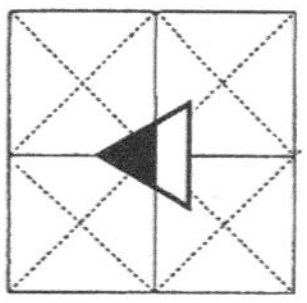
イ
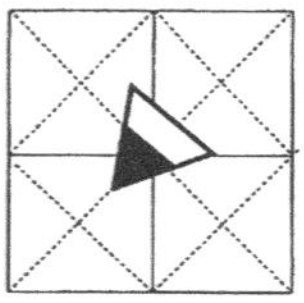
ウ
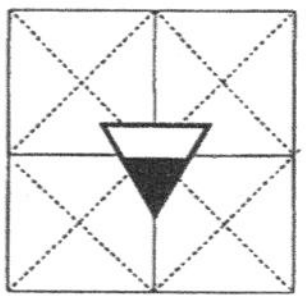
エ
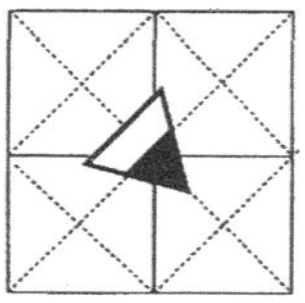
オ
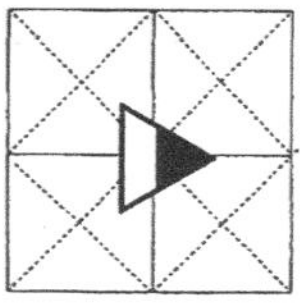
カ

問 12　【図１１】の▲の位置から，向きも含《ふく》めて【図９】の▲の位置に行くには，どのような順番で進めればよいでしょうか。【例】の命令を参考に①～③の命令を使って，書きなさい。ただし，もっとも少ない命令で，最短距離《さいたんきょり》で進めるように書きなさい。

このページには、問題はありません。

――線部①「ユネスコの判定は不可だった」とありますが、その理由を次のようにまとめました。（　ア　）・（　イ　）にあてはまる言葉を外山《とやま》さんの文章中からそれぞれ五字でぬき出して書きなさい。また、（　ウ　）にあてはまる言葉を外山《とやま》さんの文章を参考にして、十五字程度で書きなさい。

日本は、世界文化遺産への登録を、三保《みほ》の松原《まつばら》をふくめた「（　ア　）」で申請《しんせい》したのに対して、ユネスコは、「（　イ　）」が富士山であるととらえて、三保《みほ》の松原《まつばら》は（　ウ　）ため、富士山の一部として認めることができなかったから。

ぼくたちの近くにある桜島も、遠くからの景色と近くからの景色では、印象が変わるよね。

この前の短歌を作る宿題で、私は桜島について二つの短歌を作ったのよ。一つは桜島にある展望所から見た景色、もう一つは玉龍中近くの高台から見た景色をもとに作ったの。

【玉美さんが作った短歌のうちの一つ】

青い海　フェリーが進む　その先に　大地の力　今日もふき出す

一　この玉美さんが作った短歌は、「桜島にある展望所」と「玉龍中近くの高台」のどちらから見た景色をもとに作ったものですか。理由もふくめて五十字以上、六十字以内で書きなさい。

外山《とやま》さんは――線部②で「近すぎては、本当のよさがわからない」と書いているけれど、佐藤雅彦《さとうまさひこ》さんの『プチ哲学《てつがく》』という本には、次のような絵が紹介《しょうかい》されていたよ。

この絵では、同じ場面でも、見る範囲《はんい》を変えるとカエルの見え方が変わるということが分かるわね。

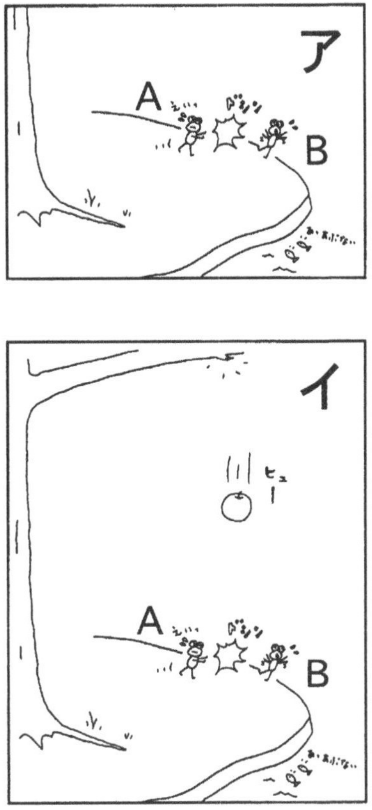

（佐藤雅彦《さとうまさひこ》『プチ哲学《てつがく》』による）

ぼくたちの生活の中にも、見方や考え方を変えることによって、本当のよさが分かったり、新しい発見をしたりすることがあるのかもしれないね。

一　アとイの絵では、Aのカエルはそれぞれどのようなカエルであると見ることができますか。七十字以上、八十字以内で書きなさい。

四　これまでにあなたが、見方や考え方を変えることによって、本当のよさが分かったり、新しい発見をしたりした経験について、次の〈条件〉にしたがって書きなさい。

〈条件〉

1　二段落構成とし、一段落目には、あなたの経験を具体的に書きなさい。また、二段落目には、その経験を中学校生活でどのように生かしていきたいかについて書きなさい。

2　題名と氏名は書かずに、原稿《げんこう》用紙の使い方にしたがって、八行以上、十行以内で書きなさい。

令和二年度　鹿児島市立鹿児島玉龍中学校

適性検査Ⅰ

（時間四十五分）

《注意事項《じこう》》

一　「はじめ」の合図があるまで、この問題用紙を開いてはいけません。

二　指示があってから、問題用紙と解答用紙の決められた欄《らん》に受検番号を受検票のとおり記入しなさい。

三　解答はすべて、解答用紙の決められた欄《らん》に記入しなさい。

四　問題を声に出して読んではいけません。

五　印刷がはっきりしなかったり、問題用紙や解答用紙が足りなかったりする場合は、だまって手をあげなさい。

六　「やめ」の合図で、すぐに鉛《えん》筆を置き、問題用紙と解答用紙の受検番号を書いてある面を上にし、解答用紙は広げて机の上に置きなさい。

受検番号	

鹿児島玉龍中学校一年生の龍太《りゅうた》さんと玉美《たまみ》さんが話をしています。

龍太　実は今度、富士山に登ることになったんだ。玉美さんは富士山に登ったことがある？

玉美　私は、新幹線で東京に行ったときに、窓から見える富士山しか見たことがないわ。父は、登ったことがあるそうなんだけれど、遠くから見るときれいな山なのに、登ってみると険しくてあらあらしい山だったと言っていたわ。

龍太　そうらしいね。僕も世界文化遺産に選ばれたきれいな山だとしか思っていなかったよ。

玉美　実は、その世界文化遺産に選ばれるのも、簡単ではなかったらしいわよ。理由が、この前読んだ外山滋比古《とやましげひこ》さんの『伝達の整理学』という本の中に書いてあったわ。

【玉美さんが読んだ本の一部】

先年、日本政府は富士山が世界文化遺産に登録されることを希望した。①ユネスコの判定は不可だった。なぜかというと、日本側が三保《みほ》の松原《まつばら》[注1]をふくんだ富士山を登録してほしいと申請《しんせい》したのに、三保《みほ》の松原《まつばら》は何十キロもはなれている。富士山の一部とは認められない、という理由だった。

それに対して古来、富士山は三保《みほ》の松原《まつばら》からの眺《なが》めがとくにすぐれていると考えられてきて、富士山と無縁《むえん》ではないということで再度、判定を仰《あお》いだ。

それに対してユネスコが賛成し、三保《みほ》の松原《まつばら》をふくめた富士山を世界遺産と認定《にんてい》したのである。

デリケートな問題に柔軟《じゅうなん》な判断を下したのは、さすがである。

近景の富士でなく、中景の富士を認めたのは見識[注2]であった。文化についての理解の深さを思わせる。

一般《いっぱん》に景観を愛《め》でる[注3]に当たっては近景が考えられている。小風景では妥当《だとう》[注4]でも、大きな対象では適当でないことがすくなくないが、一般《いっぱん》の認めるところとなっていない。

富士山は近くで見るのではなく、はなれて眺《なが》めたとき、本当の美しさがわかる。そのことを日本人はともすれば忘れがちであるが、正しくない。

景観には、遠景、中景、近景の三つがあって、巨大《きょだい》な自然は、すこしはなれたところから見たときにもっとも美しい。

そういうことを、学問のなかった昔の人は、しっかり、とらえていたらしい。

　遠くより[注5]眺《なが》むればこそ白妙《しろたえ》の

　　富士も富士なり筑波嶺《つくばね》もまた

という古歌は、中景の美をたたえているのである。ユネスコの役人もその心を解したということができる。〝遠くより〟というのは、ここで中景と言っているもので、遠景のことではない。大きな景観は、中景がいいのである。

（中略）②近すぎては、本当のよさがわからない。そういうことは風景に限ったことではない。ひろく、音もなくはたらいている原理であると言ってよい。

（外山滋比古《とやましげひこ》『伝達の整理学』ちくま文庫による）

注
1　三保《みほ》の松原《まつばら》……静岡市にある美しい景色をもつ場所。
2　見識……すぐれた意見や考え。
3　愛《め》でる……美しさを味わって感動する。
4　妥当《だとう》……よくあてはまること。適切なこと。
5　遠くより～……遠くから眺めてこそ白く美しい富士山であり　筑波山《つくば》もまた同じで遠くから見た方が美しい。

令和２年度

鹿児島市立鹿児島玉龍中学校

適性検査Ⅱ

（時間４５分）

《注意事項《じこう》》

1　「はじめ」の合図があるまで，この問題用紙を開いてはいけません。

2　指示があってから，問題用紙と解答用紙の決められた欄《らん》に受検番号を受検票のとおり記入しなさい。

3　解答はすべて，解答用紙の決められた欄《らん》に記入しなさい。

4　問題を声に出して読んではいけません。

5　印刷がはっきりしなかったり，問題用紙や解答用紙が足りなかったりする場合は，だまって手をあげなさい。

6　「やめ」の合図で，すぐに鉛《えん》筆を置き，問題用紙と解答用紙の受検番号を書いてある面を上にし，解答用紙は広げて机の上に置きなさい。

受検番号	

このページには、問題はありません。

龍太《りゅうた》：いよいよ，今年は２０２０年，東京ではオリンピックが行われるね。
玉美《たまみ》：そうねえ。今からとてもわくわくしてきたわ。でも，鹿児島では国民体育大会が行われるのよね。開会式はどこであるか知っている？
龍太：もちろん。鴨池《かもいけ》の陸上競技場だよね。日本中からいろんなスポーツ選手が集まってくるんだよね。僕も何か応援《おうえん》したいな。
玉美：ところで，鴨池《かもいけ》の陸上競技場や野球場があるあたりは，昔は海の中だったって知っている？おじいちゃんから聞いたのだけど，その後，埋《う》め立《た》てられたらしいわよ。
龍太：そうなんだ。だからあのあたりを「与次郎ヶ浜《よじろうがはま》」って呼ぶんだね。ちょっと調べてみたくなったね。
玉美：まずは，古い地図で比較《ひかく》してみようかしら。

二人は，図書館で鹿児島市の古い地図を見つけ，その様子を調べてみました。
その地図が【図１】と【図２】です。

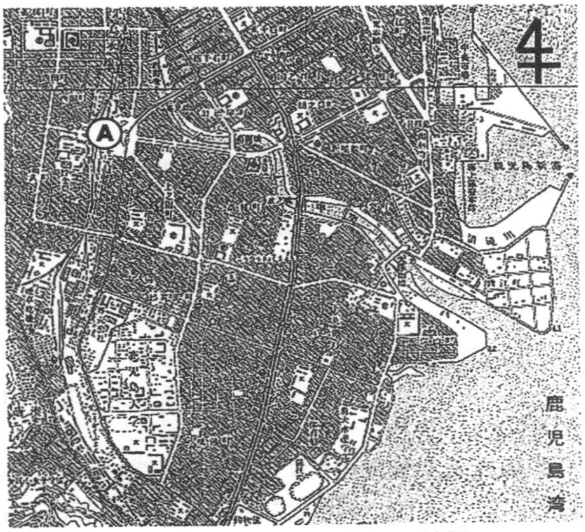

【図１】１９７０年（昭和４５年）の地図

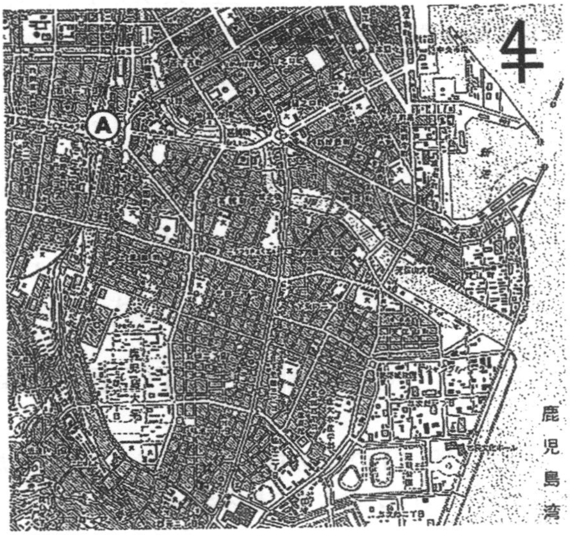

【図２】２００４年（平成１６年）の地図

問１　この地図中のⒶは，現在の鹿児島中央駅のあたりです。Ⓐから見て埋《う》め立《た》てられた「与次郎ヶ浜《よじろうがはま》」はどの方角にありますか。八方位で答えなさい。

玉美：ねえねえ，もっとすごいことがわかったわよ。この「与次郎ヶ浜《よじろうがはま》」は，とても面白い方法で埋《う》め立《た》てられたんだって。この地図（【図３】）を見て。

龍太：この地図の太い線は何を表しているの？

玉美：これは，太いパイプがひかれていた場所を示しているの。実は，ポンプで海水をくみ上げてこのパイプの中を通して，城山展望台の北西側の山まで持っていったんだって。そして，山をけずって人が住める場所をつくり，そこから出た土を海水とともに与次郎ヶ浜《よじろうがはま》まで流して埋《う》め立《た》てたらしいわよ。
そのパイプの長さは７．６ｋｍにもなったんだって。

【図３】　工事が行われた頃の地図
（1968　水搬送工法　工事報告 より作成）

問２　与次郎ヶ浜《よじろうがはま》の埋《う》め立《た》てで，土を運ぶのにパイプに海水を通して運ぶ方法にしたのはどうしてだと思いますか。その理由について，あなたの考えを書きなさい。

龍太：こんなふうに鴨池《かもいけ》陸上競技場の周辺はできていったんだね。

玉美：ところで，ドローン（無人航空機）って知っている？

龍太：もちろん。テレビで見たことあるよ。

玉美：最近，他の県ではドローンを使って荷物を運ぶ実験をやっているらしいわよ。

龍太：すごいね。鹿児島市でもドローンが飛び回る時代が来るのかな。

ある街に高さの違う５つの円柱型のビルがあり，真上から見ると【図４】のように，五角形の頂点の位置に並んでいます。

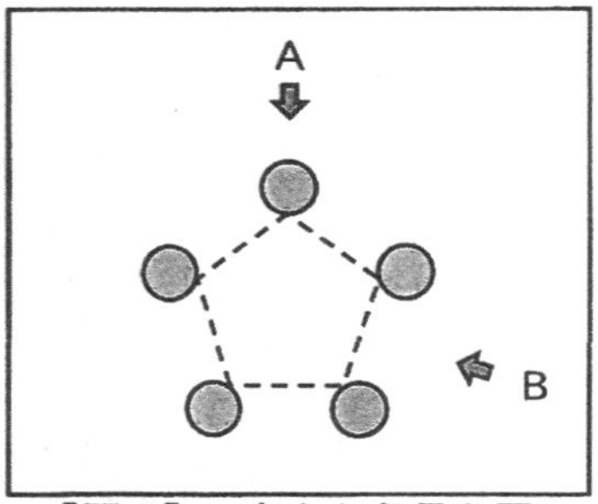

【図４】　真上から見た図

このとき，【図４】のAの方角からこの５つのビルの屋上にドローン  を使って荷物を運ぶ様子を見たとき，【図５】のように見えました。

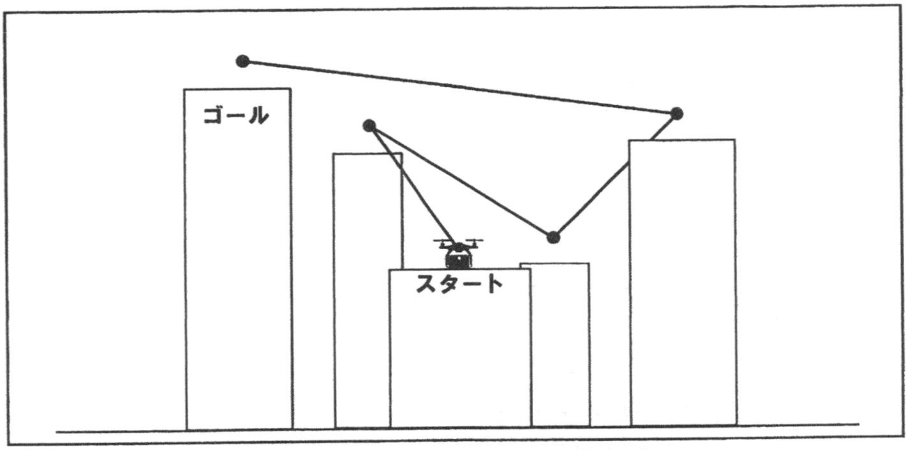

【図５】Ａの方角から見えた５つのビル

問３　このときドローンの様子を【図４】のＢの方角から見た場合は，どのように見えるか，解答欄《らん》の図の点と点を結んで答えなさい。ただし，手前のビルに隠《かく》れて見えないところは線を引かないようにし,「スタート」と「ゴール」の位置も分かるように書《か》き込《こ》みなさい。なお，ドローンはまっすぐ飛ぶこととします。

龍太：去年の１０月から消費税があがったよね。昔はどうだったのかな。
玉美：そういえば，教科書に「８世紀の初めには，律令《りつりょう》という法律ができ，いろいろな税が納められた。」と書いてあったよ。

８世紀の初め，律令《りつりょう》という法律があった頃《ころ》は，６才以上の男性と女性に国から田が与《あた》えられました。
男性に一人２段《たん》，女性一人には男性の３分の２が与《あた》えられました。
この頃《ころ》の土地の広さの単位は「１０段《たん》＝１町《ちょう》」でした。

ここに次のような家族があったとします。

４８才男性・４８才女性・３０才男性・２３才男性
２０才女性・２６才女性・８才男性

この家族には下線の通り，国から田が与《あた》えられたとします。

問４　この家族には，あわせていくらの田が国から与《あた》えられますか。町・段の単位を使って，◇町△段のように答えなさい。

龍太：このポスターを見たことある？

玉美：あるわ。国民体育大会の終わった後に，鹿児島県で初めて行われる「全国障害者《ぜんこくしょうがいしゃ》スポーツ大会」のポスターだよね。

龍太：よく見てみると，このポスターには多くのスポーツが描《えが》かれているよ。僕が興味をもったのは，走っている二人が一本のロープを持っている様子なんだけど。何のスポーツだろう。

玉美：それはねえ，短距離《たんきょり》やマラソンなどで目の不自由な方を援助《えんじょ》しながら走る競技なんだ。伴《ばん》走者《そうしゃ》は，下の写真のようなロープを持って一緒《いっしょ》に走るのよ。このロープを「きずな」って言うらしいわよ。

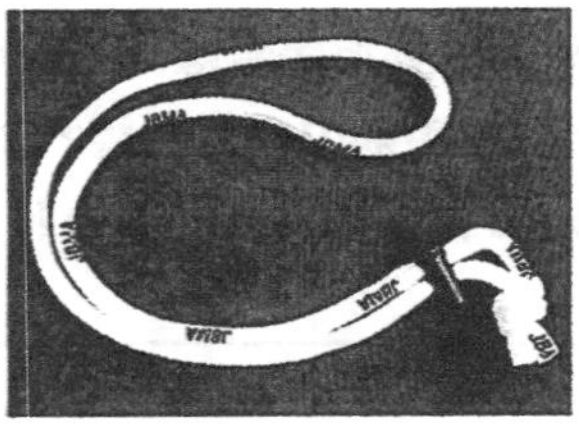

「きずな」の写真

※ポスター省略

【図６】「全国障害者《ぜんこくしょうがいしゃ》スポーツ大会」のポスター

二人は，この競技のルールについて調べてみることにしました。
すると，下の３つのルールがあることがわかりました。

ルール１　伴走者《ばんそうしゃ》は，ランナーを引っ張ったり，後ろから押《お》したりしてはいけない。

ルール２　ゴールの時は，伴走者《ばんそうしゃ》よりもランナーが先にゴールしなければならない。

ルール３　一緒《いっしょ》に走れる伴走者《ばんそうしゃ》は一人でなければならない。

問５　上の「ルール１」が設けられた理由を，「ランナーの安全を守る」ということ以外に１つ考えて書きなさい。

令和二年度　鹿児島市立鹿児島玉龍中学校　適性検査Ⅰ　解答用紙

一

ア

イ

ウ

小計一

二

小計二

三

小計三

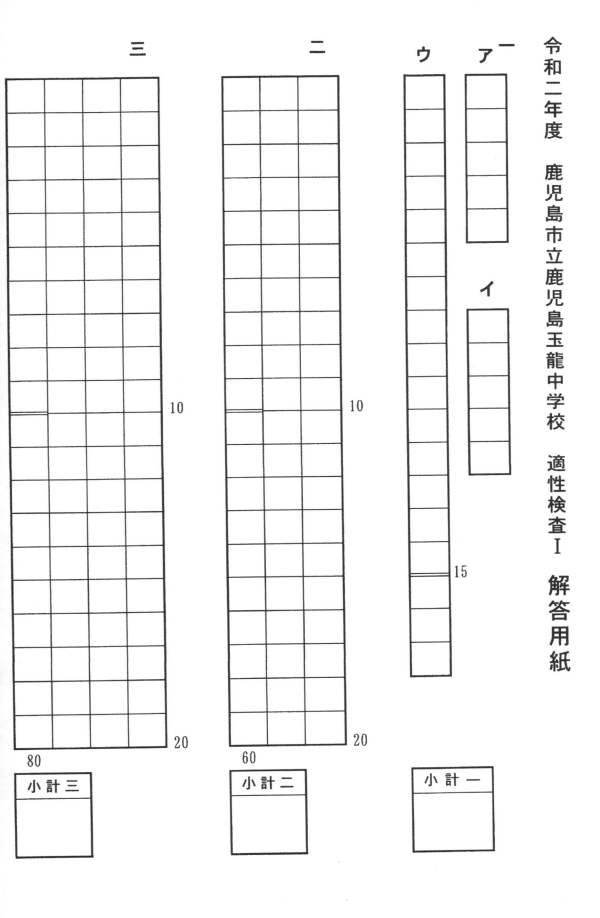

問6	
問7	
問8	
問9	
問10	
問11	
問12	はじめ ⇒

令和2年度　鹿児島市立鹿児島玉龍中学校　適性検査Ⅱ

解答用紙

（配点非公表）

受検番号

問1	
問2	
問3	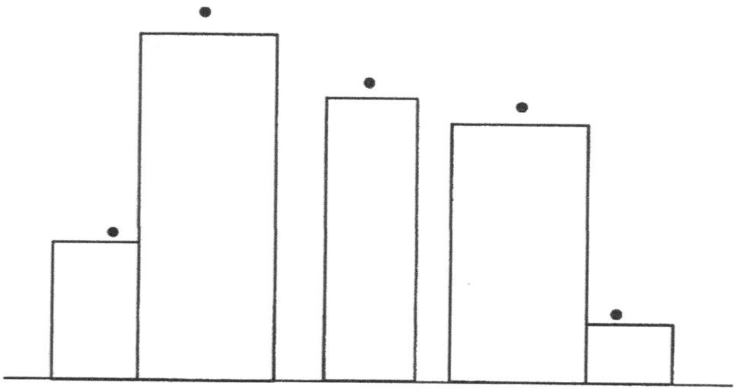
問4	（　　　）町（　　　）段
問5	

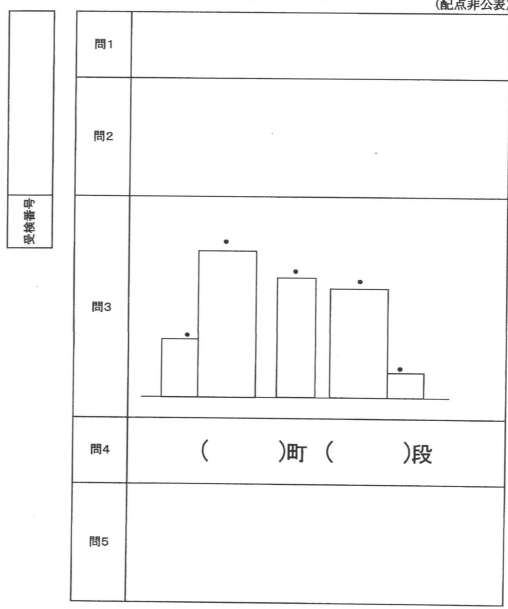

四

八行

十行

小計四

合計

(配点非公表)

受検番号

2020(R2) 鹿児島玉龍中
教英出版

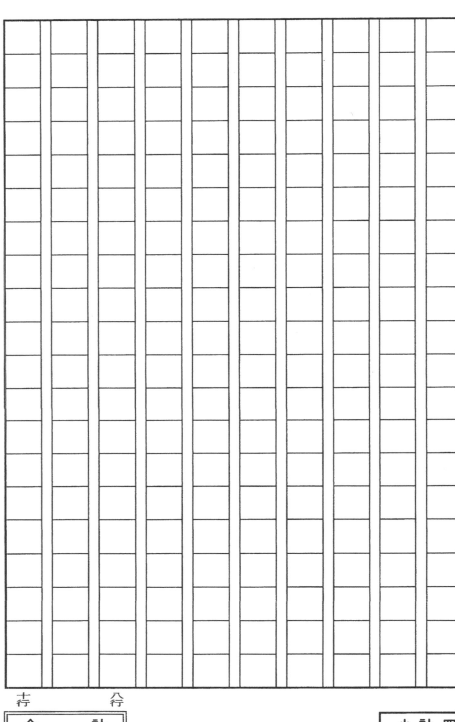

玉美：実は私，剣道《けんどう》を習っているんだ。

龍太：剣道《けんどう》も国民体育大会が鹿児島県であるんだよね。どこであるの。

玉美：霧島《きりしま》市らしいよ。楽しみだね。

龍太：ところで，剣道《けんどう》って背中に赤と白のたすきをつけているけど，何か決まりがあるの？

玉美：【図７】を見て。１回戦では，１番が赤，２番が白をつけるの。２番が勝ったら，２回戦では赤をつけるの。つまり，数字が小さい方が赤をつける決まりなのよ。

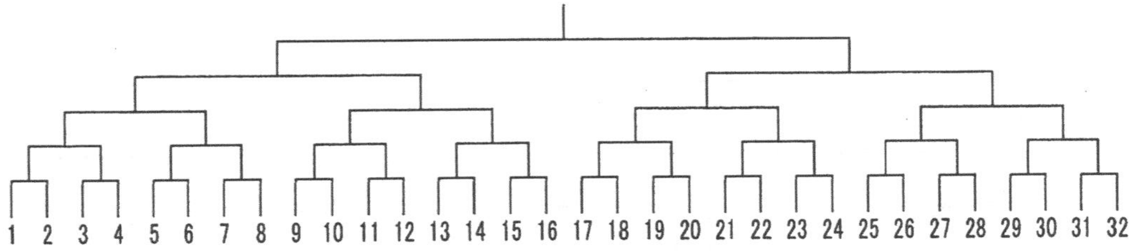

【図７】３２人参加のトーナメント戦

問６　【図７】で，たすきの色が１回戦では赤，そのあと，白→赤→白→赤と決勝戦まで勝ち進んだ人は何番の人ですか。

問７　同じ３２人が参加する別の大会では，４人のグループで総当たり戦を行い，そのグループの中の１位の人だけでトーナメント戦が行われます。この大会は，全部で何試合になりますか。ただし，勝敗数がまったく同じ人が複数いた場合はじゃんけんでトーナメント戦に進む人を決定します。また，引き分けはないものとします。

※総当たり戦…全員が自分以外の他のすべての人と１回ずつ試合を行うやり方。

ある日，玉美さんと龍太くんは，理科室に向かいました。

玉美：砂糖を水にとかすと透明《とうめい》な液になるよね。
龍太：でも，砂糖を入れすぎてしまうと，白っぽくなるのは不思議だよね。
玉美：それって，砂糖がとけきらないからじゃないの。先生にお願いして，物のとけ方について実験をしてみましょう。

龍太くんは先生から以下のような実験材料を預かってきました。

〈実験材料〉

２００mL ビーカー，４０℃の水，ミョウバン，ろ紙，ろうと，ろうと台，ガラス棒

２人は４０℃の水１００ｇを，２００mL のビーカーに入れて，ミョウバンがどれくらいとけるか実験しました。次の【表１】は，その結果です。

【表１】　実験結果

入れたミョウバンの量	3g	6g	9g	１２g	１５g
結果	全部とけた	全部とけた	全部とけた	とけ残った	とけ残った

問８　とけ残ったミョウバンを取り出すために，【図８】のようにろ過を行いました。しかし，このろ過の仕方には誤りがあります。どのように直せばよいか，文章で答えなさい。

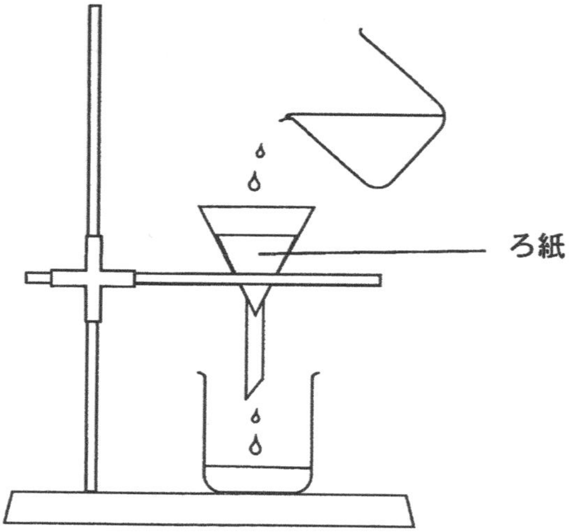

【図８】

玉美：正しい仕方で，ろ過ができたね。

龍太：さっそく，ろ紙を広げてみよう。

問９　２人が広げたろ紙には、ミョウバンがどのように残っているでしょうか。次のア～カから選びなさい。ただし、色の濃《こ》い部分にミョウバンが残っているものとします。

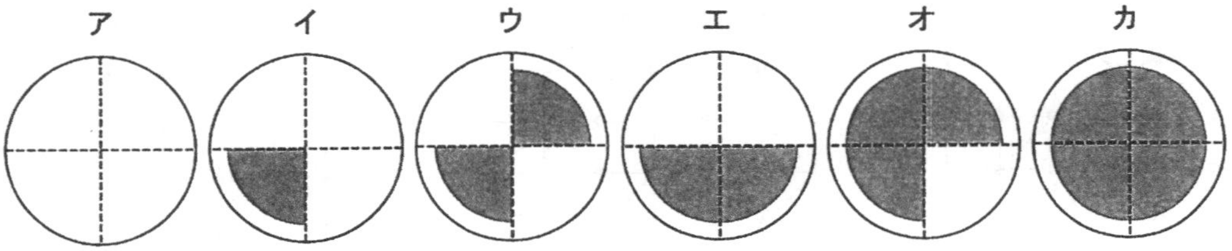

ろ紙に残ったミョウバンを乾燥《かんそう》させた後、上皿天秤《てんびん》で量を量《はか》ったところ，３．３ｇでした。このことから，４０℃の水１００ｇには，ミョウバンが１１．７ｇとけることがわかりました。

龍太：おもしろかったね。このような実験をすれば，水に物がとける量がわかるんだね。

玉美：水の温度が変われば，とける量も変わるのかな。

龍太：じゃあ，実験してみようよ。

２人は，温度を変えながら実験しました。次の【表２】は，その結果です。

【表２】　実験結果

水の温度	２０ ℃	４０ ℃	６０ ℃
とけた量	５．８ｇ	１１．７ｇ	２４．８ｇ

問10　６０℃の水５０ｇに，ミョウバンを９ｇ加え，十分に混ぜてとかした後，水の温度を２０℃まで下げました。この液をろ過すると，ろ紙には何ｇのミョウバンが残るでしょうか。

龍太：実験は楽しかったけど，片づけが大変だな。こんな時にお掃除《そうじ》ロボットがあったらいいのにね。
玉美：そうだね。これからはますますロボットが活躍《やく》する社会になるのでしょうね。
龍太：でも，ロボットが勝手に行動するようになると困るよね。
玉美：そうならないために，命令が決められているらしいよ。この前こんなものを見つけたんだ。
龍太：どんなもの？
玉美：自分で命令した通りに，▲ が動くの。思い通りに動かせたら，とてもうれしいわよ。
龍太：楽しそうだね。僕にもやらせてよ。

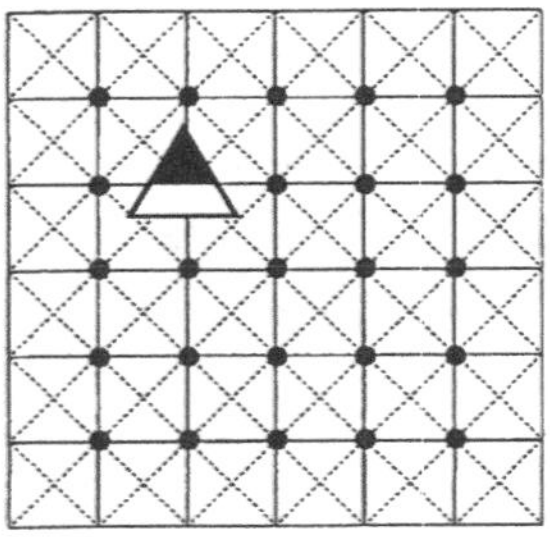

【図９】

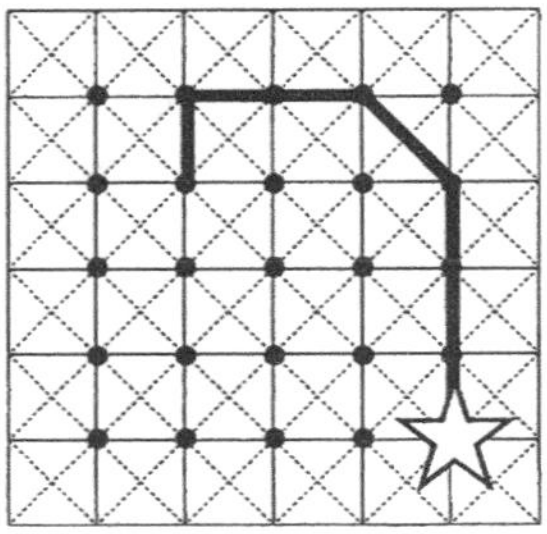

【図１０】

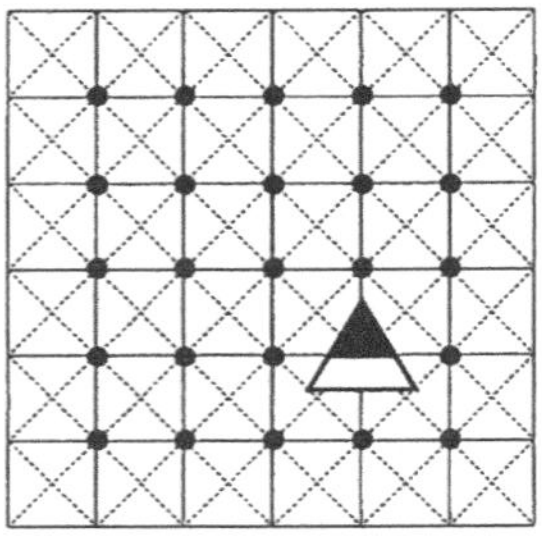

【図１１】

▲を動かすときの命令

『前に１マス進む』は①（１マス進むとは● からとなりの● に進むことである。）
『右に４５度回転する』は②　　『右に９０度回転する』は③

【例】次のような命令をした場合，【図９】の▲が【図１０】の☆に移動します。
（図１０の太線は，途中《とちゅう》通った道を表しています。）

はじめ ⇒①×１⇒③×１⇒①×２⇒②×１⇒①×１⇒②×１⇒①×３⇒②×１⇒おわり
※「①×１」は①の命令を１つ，「①×２」は①の命令を２つしたとします。

問 11　☆の位置の▲の向きとして正しいものを，次のア～カから選びなさい。

ア
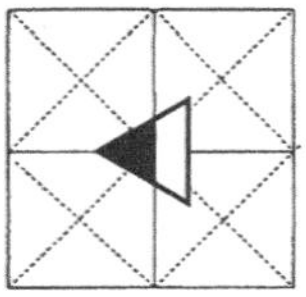

イ
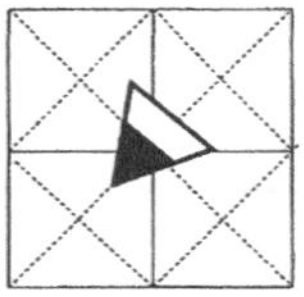

ウ
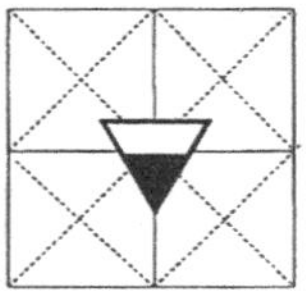

エ
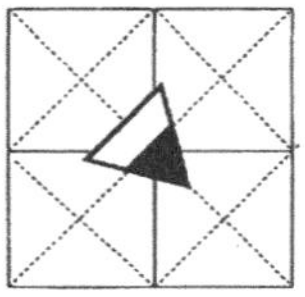

オ
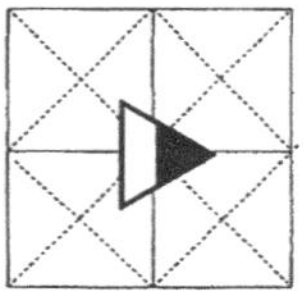

カ

問 12　【図１１】の▲の位置から，向きも含《ふく》めて【図９】の▲の位置に行くには，どのような順番で進めればよいでしょうか。【例】の命令を参考に①～③の命令を使って，書きなさい。ただし，もっとも少ない命令で，最短距離《さいたんきょり》で進めるように書きなさい。

このページには、問題はありません。

――線部①「ユネスコの判定は不可だった」とありますが、その理由を次のようにまとめました。（　ア　）・（　イ　）にあてはまる言葉を外山《とやま》さんの文章中からそれぞれ五字でぬき出して書きなさい。また、（　ウ　）にあてはまる言葉を外山《とやま》さんの文章を参考にして、十五字程度で書きなさい。

> 日本は、世界文化遺産への登録を、三保《みほ》の松原《まつばら》をふくめた「（　ア　）」で申請《しんせい》したのに対して、ユネスコは、「（　イ　）」が富士山であるととらえて、三保《みほ》の松原《まつばら》は（　ウ　）ため、富士山の一部として認めることができなかったから。

ぼくたちの近くにある桜島も、遠くからの景色と近くからの景色では、印象が変わるよね。

この前の短歌を作る宿題で、私は桜島について二つの短歌を作ったのよ。一つは桜島にある展望所から見た景色、もう一つは玉龍中近くの高台から見た景色をもとに作ったの。

【玉美さんが作った短歌のうちの一つ】

青い海　フェリーが進む　その先に　大地の力　今日もふき出す

この玉美さんが作った短歌は、「桜島にある展望所」と「玉龍中近くの高台」のどちらから見た景色をもとに作ったものですか。理由もふくめて五十字以上、六十字以内で書きなさい。

外山《とやま》さんは――線部②で「近すぎては、本当のよさがわからない」と書いているけれど、佐藤雅彦《さとうまさひこ》さんの『プチ哲学《てつがく》』という本には、次のような絵が紹介《しょうかい》されていたよ。

この絵では、同じ場面でも、見る範囲《はんい》を変えるとカエルの見え方が変わるということが分かるわね。

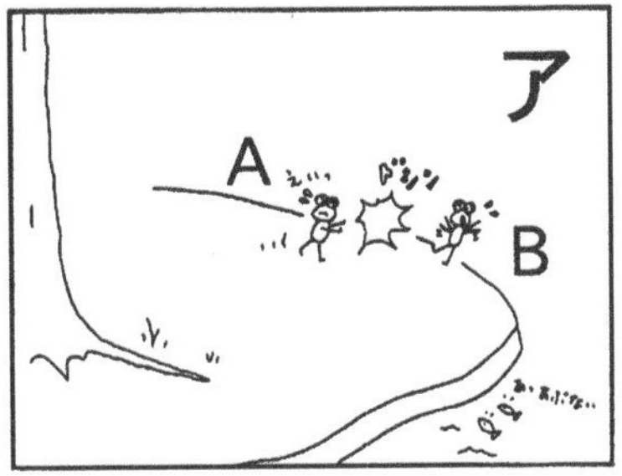

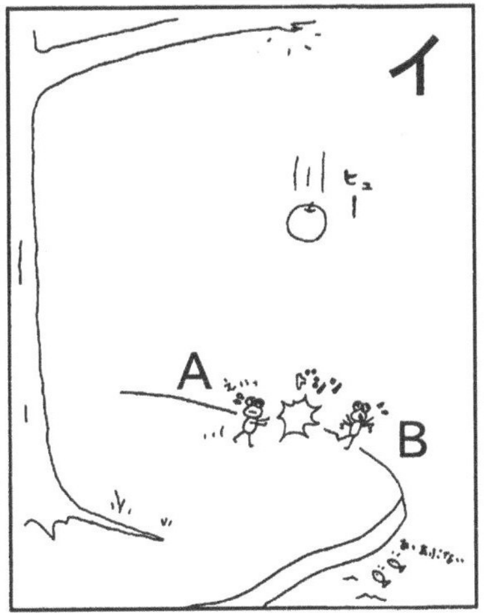

（佐藤雅彦《さとうまさひこ》『プチ哲学《てつがく》』による）

ぼくたちの生活の中にも、見方や考え方を変えることによって、本当のよさが分かったり、新しい発見をしたりすることがあるのかもしれないね。

アとイの絵では、Aのカエルはそれぞれどのようなカエルであると見ることができますか。七十字以上、八十字以内で書きなさい。

四　これまでにあなたが、見方や考え方を変えることによって、本当のよさが分かったり、新しい発見をしたりした経験について、次の〈条件〉にしたがって書きなさい。

〈条件〉

1　二段落構成とし、一段落目には、あなたの経験を具体的に書きなさい。また、二段落目には、その経験を中学校生活でどのように生かしていきたいかについて書きなさい。

2　題名と氏名は書かずに、原稿《げんこう》用紙の使い方にしたがって、八行以上、十行以内で書きなさい。